创造
巅峰绩效

熊小年 著

TOWARD
PEAK
PERFORMANCE

机械工业出版社
CHINA MACHINE PRESS

图书在版编目（CIP）数据

创造巅峰绩效 / 熊小年著 . —北京：机械工业出版社，2023.8
ISBN 978-7-111-73255-6

I. ①创… II. ①熊… III. ①企业绩效 – 研究 IV. ① F272.5

中国国家版本馆 CIP 数据核字（2023）第 099104 号

机械工业出版社（北京市百万庄大街 22 号 邮政编码 100037）
策划编辑：李文静 责任编辑：李文静 单元花
责任校对：王荣庆 张 薇 责任印制：郜 敏
三河市宏达印刷有限公司印刷
2023 年 8 月第 1 版第 1 次印刷
170mm×230mm · 13 印张 · 1 插页 · 151 千字
标准书号：ISBN 978-7-111-73255-6
定价：69.00 元

电话服务 网络服务
客服电话：010-88361066 机 工 官 网：www.cmpbook.com
　　　　　010-88379833 机 工 官 博：weibo.com/cmp1952
　　　　　010-68326294 金 书 网：www.golden-book.com
封底无防伪标均为盗版 机工教育服务网：www.cmpedu.com

前言

在激烈的市场竞争中，企业的生存与发展面临很大的挑战。企业既要能够经受得住突然的打击，又要能够充分把握、利用突然出现的机会。企业必须产生经济绩效，才能立足于市场丛林。没有经济绩效，企业就没有存在的理由，也生存不下去。

彼得·德鲁克在《管理的实践》第 2 章中指出："管理的首要职能就是创造经济绩效，管理层必须把经济绩效放在首位"；在第 13 章中指出："必须建立高的绩效要求，不能容忍差的或平庸的绩效"；在第 22 章和第 23 章，章节名称就使用了"巅峰绩效"（peak performance）一词，并为创造巅峰绩效给出了实践指引。

对致力于打造能创造巅峰绩效的组织的企业家（entrepreneur）和经理人（manager）而言，德鲁克是最值得信赖的导师。其 40 多本著作充满真知灼见，对杰克·韦尔奇、安迪·格鲁夫、比尔·盖茨、菲利普·科特勒、吉姆·柯林斯、弗雷德蒙德·马利克等众多卓越的企业家和学者都产生了深远的影响。小米集团、海尔集团、德胜洋楼、志邦家居等众多优秀企业都曾获得纪念彼得·德鲁克中国管理奖。

"德鲁克说得对，我知道要创造巅峰绩效，我们的组织也想要创造巅峰绩效，但到底怎么做才能创造巅峰绩效呢？"笔者直接或间接地听到无数这样的心声。根据多年对德鲁克管理思想的学习和研究，笔者创建了"创造巅峰绩效"这门课程，经市场验证，效果良好。所以，笔者现在把它整理成书，希望以此助力更多有志追求创造巅峰绩效的组织和个人。

本书力求系统性地阐述如何创造巅峰绩效，全书以德鲁克在 20 世纪 70 年代的《管理：使命、责任、实践（实践篇）》第 36 章"绩效精神"中的 4 条实践指引为要素，将德鲁克关于创造巅峰绩效的指引系统化、方法化和工具化，让实践更简单有效。

本书共有 7 章，第 1 章力求让读者了解德鲁克管理思想的精髓，明确管理的若干底层认知，促进读者深刻认识经济绩效的重要性，帮助读者扫清关于创造巅峰绩效的认知和思维障碍。

第 2 章首先从业务层面指明经济绩效的来源，并给出了经典公式。本章的重点落在创造巅峰绩效的管理实践上，笔者遵从德鲁克在《管理的实践》第 22 章和第 23 章中的核心思想构建了 DAME 模型，致力于为管理实践提供一条行之有效的路径。

第 3～6 章围绕创造巅峰绩效的管理实践 DAME 模型展开，每章对应一个模块，引述对应的德鲁克的思想和观点，做精要解读并提供实践方法和工具。这 4 章内容也涵盖了德鲁克"绩效精神"4 条实践指引中的 3 条。

第 7 章为持续创造巅峰绩效指明方向，并给出了切实可行的实践方法和工具。此章聚焦实践德鲁克"绩效精神"4 条实践指引中剩余 1

条的内容：组织必须聚焦机会，而不是问题。

　　在本书的写作过程中，笔者再次从德鲁克贡献给世界的管理智慧中获得力量，这份力量激发笔者恪守：尽量保证每个核心知识点都引用德鲁克相关的观点，并注明出处；尽量精准理解并解读德鲁克的管理思想精髓；尽量保证构建的模型、给出的方法和设计的工具都是基于德鲁克管理思想的应用并经过实践和成果验证的。

　　希望读者能从本书中获益。

TOWARD PEAK
PERFORMANCE

———

目录

第 1 章

心智模式决定能否
创造巅峰绩效

德鲁克式管理心智模式

> 未来最大的挑战来自哪里？我是一位年长的顾问，我的回答带有强烈的个人经历的色彩。我发现我的客户，不管是营利组织还是非营利组织，最大的困难来自改变他们的思维模式。不是技术，不是经济形势，而是改变他们的思维模式。○
>
> ——彼得·德鲁克《德鲁克演讲实录》

处于同样的市场丛林，处于同一个外部环境，为什么有的企业发展得好，而有的企业发展得不好？在同一个企业中，面对同样的产品和市场及竞争环境等条件，为什么有的人绩效好，而有的人绩效不好？这种

○ 德鲁克.德鲁克演讲实录 [M].王小雯，张坤，译.北京：机械工业出版社，2020：197.

差别到底是什么造成的？

心智模式是造成企业与企业、人与人的绩效差别的关键因素。因此，面对同样的情境和挑战，不同企业或个人的绩效结果是大相径庭的。

对属于不可抗力范围的客观环境，如果企业管理层的认知仅仅是"危"，那么他们的思维很可能是消极的被动模式，其极有可能采取保守和消极的措施：控成本、减员，市场开拓的动力也减弱等，那么结果会怎么样呢？恐怕不难得出答案。

如果企业管理层认识到危机中还有改善提升的"机会"，那么他们的思维就是积极的主动模式，其就会采取乐观和积极的措施：坚持"以人为本"——不降薪、不减员、进一步凝聚人心、强化企业文化，并且主动吸纳外部人才，加大客户开发力度等，那么结果自然就不会太差。

经常有人问我经济环境怎么样，形势怎么样。我告诉他们很难判断，但是我服务的很多企业，可能是因为听了我的课或接受了我的顾问辅导，思考都是正向的，所以 2020 ～ 2021 年的业绩在同行业中都是佼佼者。

认知决定思想（思维），思想（思维）决定行为，行为决定结果，结果又反作用于认知。这一过程如图 1-1 所示。心智模式（mental model）是苏格兰心理学家肯尼思·克雷克（Kenneth Craik）在 1943 年首次提出的。认知、思想（思维）和行为就是心智模式的三大要素。

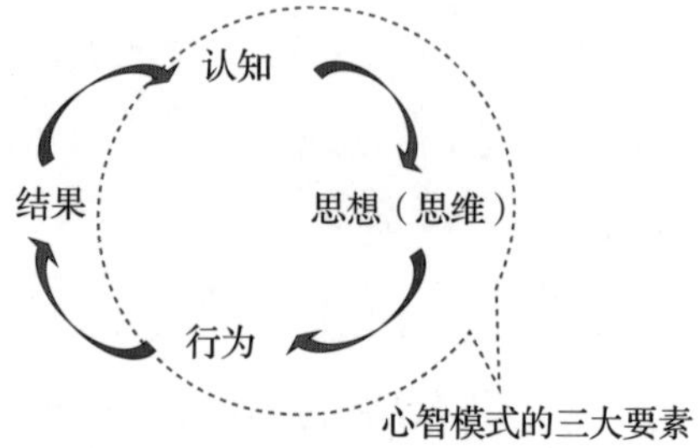

图 1-1　心智模式

下面举两个企业案例来说明心智模式决定经营成果的道理。两家企业面对同样的产品品质及交期问题，应对方式不一样，结果也不相同。

A 企业：销售部门反馈客户提出的产品品质和交期问题，公司让生产部门和品质部门尽全力处理问题，同时要求销售部门必须最大限度地占有客户的订单份额，没有任何理由。

B 企业：销售部门反馈客户提出的产品品质和交期问题，公司非常重视，调集资源去解决问题，因为客户有异议而影响销售在 B 企业被理解为是合理的。

A 企业的认知是：组织必须聚焦于机会，而不是问题⊖（这是德鲁克的主张）。它认为开发利用机会才是最重要的，所以它属于机会思维。这种思维引导人们最大限度地开发和利用机会，开发市场、提高客户的订单份额占比。问题要解决，但只要不是严重到影响市场和客户开发的问题，就不是重点。所以在行为层面上，它不会出现把资源向问题聚集的错误。结果是 A 企业的业绩连续高速增长，两个年度内实现了业绩 200% 的增长。

B 企业的认知是：解决问题才是最重要的，所以属于问题思维。这种思维引导人们立即并且完美地解决问题，所以在行为层面上就会动用很多资源去解决问题。结果是 B 企业虽然也在进步，但业绩的增长较为缓慢。

后来经过顾问辅导，B 企业转变为德鲁克式管理心智模式后，业绩连续两年突破历史新高。

德鲁克通过观察和做顾问发现，技术、经济形势等外部条件不是企业面临的最大挑战，人的思维模式才是。俗语说："瓶颈永远靠近瓶子的顶端。"任何企业都不可能展现出比它的最高主管更宏观的愿景与更卓越

⊖　德鲁克.管理：使命、责任、实践　实践篇 [M].陈驯，译.北京：机械工业出版社，2019：95.

的绩效。[⊖]管理层的心智模式决定了绩效成果的好坏。换言之，人的心智模式决定了能否创造巅峰绩效。

　　管理的好坏不是看逻辑，而是看绩效成果，但这并不说明管理不需要遵循一定的逻辑。我基于德鲁克管理思想构建了德鲁克式（DRUCKERart®）管理心智模式，如图 1-2 所示。这个德鲁克式（DRUCKERart®）管理心智模式，本着系统性和整体性的原则，给管理者提供了实践的逻辑和路径。

　　企业管理最终是要"绩效成果"的，这就要"以终为始"地去塑造和优化管理心智模式（包含认知层面、思想层面和行为层面）。

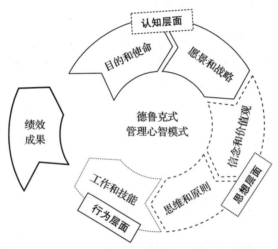

图 1-2　德鲁克式（DRUCKERart®）管理心智模式

认知层面

　　组织管理中的认知边界在哪里？不能简单地以管理层的个人认知为准，而是要看企业的"目的和使命"。目的和使命都是以顾客为中心的，

　　⊖ 德鲁克.管理的实践：中英文双语珍藏版 [M].齐若兰，译.北京：机械工业出版社，2009：119.

不是以管理层个人和企业为中心的。虽然目的和使命也是由管理层定义的，但它是事业理论（后文详解）中的三大假设之一，要最大限度地符合事实。俗话说：人挣的钱不可能超出其认知范围。企业的成果源于外部客户，这应该是企业的顶层认知，也应该是最底层的认知。

"目的和使命"怎么落地呢？需要有"愿景和战略"。愿景是奔赴使命路上的灯塔。战略是实现愿景和使命的地图与路径，并用具体的"衡量目标"（objective）来衡量。

创造巅峰绩效首先要从认知层面开始。创造巅峰绩效必须成为"目的目标"（goal），再转化为"衡量目标"。目标是工作分派的基础，决定了具体的管理实践。

思想层面

思想（思维）承上启下，连接认知和行为。组织到底要秉承什么样的"信念和价值观"去实现愿景和使命？组织到底要秉承什么样的"思维和原则"去实现战略和目的？

德鲁克在《卓有成效的管理者》中指出：要想成为有效管理者，必须学会五种惯常做法，或者说在思想（mind）上养成五种习惯。[一]"实际上，有两套普适性的原则（principle）在大多数企业都适用：一套与企业的成果和资源有关，另一套与企业付出的努力有关。两者交汇便能推导出若干条关于企业经营属性和方向的论断。"[二]实际上，德鲁克在书中共提到 8 个普适性的原则。德鲁克书中讲的思想和原则都是德鲁克式管理心

[一] 德鲁克.卓有成效的管理者：55 周年新译本 [M].辛弘，译.北京：机械工业出版社，2022：38.

[二] 德鲁克.为成果而管理 [M].刘雪慰，徐孝民，译.北京：机械工业出版社，2020：4.

智模式"思想层面"中"思维和原则"的主要内容，可以指导、决定企业的管理行动。

行为层面

管理重在实践，"工作和技能"在实践过程中是必不可少的。那么如何开展工作？首先需要界定任务，然后习得完成任务所必备的技能，再由清晰了解任务并具备相应技能的人去执行任务。

本书将在第 3 ～ 7 章分别阐述创造巅峰绩效的管理任务和必要技能。

管理范式的冲突与协同

有关事实的基本假设是管理学等社会科学业已盖棺定论的范式。像管理学这样的社会学科，关注的是人和组织的行为。社会学科的实践者往往将学科的假设奉为行动的准绳。[一]

——彼得·德鲁克《21 世纪的管理挑战（中英文双语珍藏版）》

管理层的素质与绩效是企业唯一拥有的有效优势。[二]简单地说就是：在竞争环境下，企业发展本质上靠管理，管理本质上靠管理层。企业通常都是被自己人毁掉的。能力欠缺未必是主因，他们甚至能力十足，他们不是故意的，却好心干不成好事，关键原因往往是他们不能在认知上

[一] 德鲁克.21 世纪的管理挑战：中英文双语典藏版 [M].朱雁斌，译.北京：机械工业出版社，2006：1.

[二] 德鲁克.管理的实践：中英文双语珍藏版 [M].齐若兰，译.北京：机械工业出版社，2009：2.

协同，导致无法凝心聚力，产生了巨大的"内耗"。对管理的认知能否协同，取决于能否处理好管理范式的冲突与协同。

德鲁克在《21 世纪的管理挑战》的"管理的新范式"一章开篇提到：有关事实的基本假设是管理学等社会科学业已盖棺定论的范式。它们通常存在于学者、作家、教师和社会科学实践者的潜意识中。而且，这些假设在很大程度上也决定了这些学科的实践者对事实的认知。

范式的不同，会导致认知不同，认知不同会产生连锁反应，从而导致结果不同。自然科学研究的是客体的行为，而像管理学这样的社会学科，关注的是人和组织的行为。社会科学的实践者往往将学科的假设奉为行动的准绳。

德鲁克在《21 世纪的管理挑战》"管理的新范式"这一章提出了 7 个新假设，第 1 个到第 3 个新假设构成管理原则（discipline）的基础，第 4 个到第 7 个新假设奠定了管理实践（practice）的基础。下面简要介绍这 7 个新假设，同时一并介绍 7 个旧假设。如果大家想了解德鲁克关于新旧假设的论述，可以去阅读德鲁克的原著。

> 第 1 个假设　旧假设：管理是企业管理
> 新假设：管理是所有组织所特有的和独具特色的工具

关于"管理是企业管理"的旧假设，对大多数人来说是不言而喻的。大家有这样的认知，我们不能随意去评判对错，只能说是基于不同的基本假设。如果大家对现代管理学之父德鲁克有所了解，就会发现他一生都在研究社会、组织和人的关系。管理学是研究人与组织的学科，属于社会学科。社会学科不同于自然学科，自然学科遵循一定的规律和真理，管理没有绝对的真理，它基于某种假设，遵循一定的事业理论。组织不只是企业，还有非营利性组织，像学校、军队等。所有的这些组织都需要管理，管理是组织的器官，管理是所有组织所特有的和独具特色的工具。

大家应该形成一个共识：管理不仅仅是企业管理。社会的和谐、家庭的和睦、个人的卓有成效，又何尝不是管理的功效。

"企业实体是现代机构中最先崛起的。[⊖]"鉴于此历史原因以及人们的认知习惯，我们说到的管理通常是以工商管理（business management）为主的。本书也是以工商企业管理为主的。

> 　　第2个假设　旧假设：企业应该具有，或必须具有一种恰当的组织形式
> 　　新假设：管理学界应学会寻找、发展和检验适合有关任务的组织形式

组织存在的目的是要去实现组织的目标。用什么形式，以什么结构，要由战略和目标来决定。第2个假设的告诫是：管理学界不如学会去寻找、发展和检验适合有关任务的组织形式。

德鲁克说："组织不是绝对的，它是提高人们在一起工作的效率工具。"[⊖]本文不展开讲组织结构设置，只讲几个重要的原则，期望在组织内部、特别是在管理层能达成共识。这几个原则是在德鲁克在《21世纪的管理挑战》中提及的若干原则的基础上精炼、整合而来的。

⊖　德鲁克.管理：使命、责任、实践　使命篇[M].陈驯，译.北京：机械工业出版社，2019：9.

⊜　德鲁克.21世纪的管理挑战：中英文双语典藏版[M].朱雁斌，译.北京：机械工业出版社，2006：7.

第一条原则：**组织必须是透明且对员工公开的**。员工需要了解他们在什么样的组织结构中工作，处于什么样的位置。

第二条原则：**必要的"等级"是必须的**，组织里必须有人拥有最后拍板的权力，在面临"危机"和"机会"（通常伴随着"风险"）时必须有人站出来掌控全局。

第三条原则：**一个人只应该有一个"领导"**，否则就会出现多头领导而无所适从。

第四条原则：**多研究采用"混合型"组织结构**，不能只重视"纯粹的""单一的恰当组织形式"。例如，联邦分权制（据德鲁克说："就我所知，我在 1946 年发表的有关通用汽车公司的研究，是管理界第一次将分权制经营当成独特的组织原则来研究。"[一]我们常用的说法是事业部制）与职能制混合、职能制和团队制混合（例如矩阵式组织）、职能制和模拟联邦分权制混合（例如阿米巴组织）等。

第五条原则：**要重视管理层的组织形式**。

> **第 3 个假设　旧假设：企业应该采取，或必须采取一种管理人的恰当方式**
>
> **新假设：管理不是"管理"人，而是领导人；管理的目标是充分发挥和利用每个人的优势和知识**

"科学管理之父"泰勒是一个具有划时代意义的人物，他影响和推动了体力工作者生产力的大幅度提升。德鲁克是另一个具有划时代意义的

[一]　德鲁克.管理的实践：中英文双语珍藏版 [M].齐若兰，译.北京：机械工业出版社，2009：152.

管理思想家，他提出"知识工作者"的概念，预示"知识社会"的到来，知识工作者生产力的提升是更为重要的管理课题。

知识型组织越来越多地验证了德鲁克的洞见。德鲁克视知识工作者为合作者，虽然在现实中知识工作者和企业之间还存在形式上的"雇用关系"，但工作上更多的是"合作关系"，因为知识工作者自带生产资料，凭借自己掌握的知识做贡献。对合作者来说，不能用传统的管控方式，需要组织中的管理者发挥领导力。合作是基于需求满足和价值回报的，从这个意义上说：领导力本质上是一种营销。我们要认清这种现状和事实，不能再用传统的方式说：组织管理必须采用一种管控模式。

> 第 4 个假设　旧假设：技术和最终用户是一成不变和已知的
>
> 新假设：技术和最终用途都不是管理政策赖以存在的基础，它们存在着局限性。在可支配收入的分配上，客户的价值观和决策应该才是管理政策的基础。这些基础日益成为制定管理政策和战略的出发点

如果柯达（胶卷业务）和诺基亚（手机业务）能早一点理解和认同德鲁克的这个新假设，可能不会被淘汰。

技术、客户的主张和需求都是瞬息万变的，跨界的威力也是巨大的。例如，生产方便面的企业的痛苦不一定是来自与其他生产方便面的企业的直接竞争，而是来自与争夺消费者的网络平台和餐厅的间接竞争。作为管理层的经理人切不可停留在旧有的假设和认知上，而是要遵循德鲁克所论述的新假设，适时制定战略和管理政策，才能让企业立于不败之地。

第 5 个假设　旧假设：管理的范围是由法律决定的

新假设：管理的范围不是由法律决定的，而应该包含整个流程，应该关注整个经济链的效益和绩效

对旧假设不做过多的解释，它从形式上讲是对的：组织在哪里，就要遵循哪里的法律。但是，组织经营必须尊重一个事实。例如，经济型组织应该包含整个流程，应该关注整个经济链的效益和绩效。经理人要善待客户，也要善待渠道，还要善待供应商，因为是整个经济链成就了企业最终的价值。

第 6 个假设　旧假设：按国家边界划分的经济体是企业和管理依托的"生态环境"

新假设：国家疆界主要作为约束机制发挥着重要的作用。决定管理实践的不是政治，而是经营方式

这个假设与前一个假设有一定的关联，按照国家的边界划分的经济体，是企业和管理依托的"生态环境"，这也是事实。新假设认为国家疆界主要作为约束机制发挥重要的作用，但是决定管理实践的不是政治，而是经营方式。跨国企业就是一个很鲜明的例子，它确实受国家疆界影响，但最终是全球连锁经营还是全国连锁经营等的经营方式决定了它的管理实践，而不是政治。

第 7 个假设　旧假设：管理是内部的管理

新假设：管理存在的目的是帮助组织取得成效。它的出发

点应该是预期的成效，它的责任是协调组织的资源取得这些成效。它是帮助组织在组织外部取得成效的工具，无论这个组织是企业，还是大学或医院

这个新假设特别有现实意义，基于旧假设对管理的理解，恐怕就是大家对"管理"的最大误解之源。如果认为管理就是内部的管理，很多企业就不太重视管理了。为什么？因为要订单，就要到外部去开拓业务，就会忽视管理。

管理存在的目的是要帮助组织取得成效，它的出发点是预期的成效，也就是要定个目标。目标都有一定的未来性，就是预期的成效应该是什么样子的。管理的责任就是要协调组织的资源去获取这些成效。"管理"是帮助组织在组织外部取得成效的工具，无论这个组织是企业，还是大学或医院。这个假设至关重要，很多经理人不自觉地认为管理是内部管理，所以我们经常听到两个词：管理、经营。如此说法的管理是内部视角，经营是外部视角，这是认知和定义的区别。德鲁克认为管理是个系统，包含这两个概念。

我建议组织中的管理层在这个假设上要达成一致，否则就会造成很多误解、浪费、内耗；甚至演变成组织内部的剧烈冲突和动荡。当然，对于存在的不和谐的现象，我们要假设大家都是善意的，是因为认知不一样导致的观点分歧。

不同的假设对组织管理实践具有不同的影响。

例如，我们假设人都是会偷懒的，都不会自觉主动地把工作做好。基于这样的假设，管理的思维方式和行动实践会怎样？管理者很可能会

制定各种严格的管控措施：玩"警察抓小偷""猫捉老鼠"的游戏。如果我们假设：人都是想把工作做好的，都是有善意的。这个时候，管理措施就会以激发为主，而非以管控约束为主。管理的本质就是要激发人的善意和释放人的潜能。现在越来越多的组织比较认同这种说法，经营得也特别好。这种现象在服务行业表现得比较突出，如海底捞、西贝的员工都很自然而然地笑，离职率也很低。这与企业经营背后的假设是有关系的。这些企业假设人都希望被尊重、都是有能力靠自己的双手改变命运的，也是希望把工作做好的，等等。两种不同的假设，管理措施和结果显然不同。

高层管理团队认知不一致，会给组织造成管理内耗。大家不一定是恶意的，但认知不一致可能会给组织造成致命的影响。基本假设和管理认知的协同，对组织经营管理来说非常重要。

我们可以用一句话来定义管理的新范式：只要能影响组织的绩效和成果的，就是管理的中心和责任；无论是在组织内部还是组织外部，无论是组织能控制的，还是完全不能控制的。[⊖]

企业成败皆因事业理论

事业理论（the theory of business）也叫经营理论。无论企业管理，还是其他组织的管理，都需要遵循一定的假设。事业理论就是企业管理的一套比较顶层的假设。

⊖ 德鲁克 . 21 世纪的管理挑战：中英文双语典藏版 [M]. 朱雁斌，译 . 北京：机械工业出版社，2006：28.

事业理论的核心就是德鲁克在《管理的实践》第 6 章中提及的 3 个经典问题：

顾客是谁？

顾客认知的价值是什么？

我们的事业是什么？

企业管理层一定要在这三个方面达成共识，这样才能真正凝心聚力。组织的事业理论可以通过表 1-1 进行评估，其重点是 "3344"：3 个经典问题、3 个核心假设，以及 4 个落实规范、4 个初期警讯。

表 1-1　事业理论评估表

事项	要素	评估		
3 个经典问题	顾客是谁	□已定位　　□未定位		
	顾客认知的价值是什么	□已明确主张　□未明确主张		
	我们的事业是什么	□已界定陈述　□未界定陈述		
3 个核心假设	关于组织所处环境的假设	□已分析评定　□未分析评定		
	关于组织特定使命的假设	□已思考界定　□未思考界定		
	关于实现组织使命所需核心竞争力的假设	□已分析明确　□未分析明确		
4 个落实规范	三个假设必须与现实相符	□已分析判定　□未分析判定		
	三个假设必须互相吻合	□已分析验证　□未分析验证		
	事业理论必须让组织的所有成员知晓并理解	□已知晓理解　□未知晓理解		
	事业理论必须受到持续的检验	□已评估验证　□未评估验证		
4 个初期警讯	达成创立初期的目标	□没有　□有：□已重新思考质疑　□未重新思考质疑		
	快速成长	□没有　□有：□已重新思考质疑　□未重新思考质疑		
	意外的成功	□没有　□有：□已重新思考质疑　□未重新思考质疑		
	意外的失败	□没有　□有：□已重新思考质疑　□未重新思考质疑		

注：表中给出的评估项仅供参考，可以根据组织情况进一步细化。

事业理论的 3 个经典问题

1. 顾客是谁

这不是一个容易回答的问题。如何回答这个问题，在很大程度上决定了组织将如何界定自己的事业。

首先可以肯定：消费者（一种产品或服务的最终使用者）永远都是顾客。但对很多组织而言，顾客的类型不只是一个，而是两个，甚至更多。

对沃尔玛及其商品供应商来说，消费者是顾客，消费者的购买行为决定了它们的绩效。但对商品供应商而言，沃尔玛是顾客，沃尔玛组织中的相关工作人员和决策者也是顾客。如果他们不把商品放在更容易被消费者发现和购买的地方，就会影响商品的销售，从而影响商品供应商的绩效。

回答顾客是谁，难点在于选择特定的顾客群体。选择即意味着放弃，放弃是需要勇气的。例如，一家生产女鞋的企业，它的顾客到底是谁？如果说女性都是其顾客，那么这个企业很难取得成功。虽然企业的产品是女鞋，但它必须将顾客具象化：女鞋的顾客到底是少女？少妇？还是老奶奶？

例如，沃尔玛在创业时选定追求性价比的消费者为顾客群体，一举获得成功。

2. 顾客认知的价值是什么

顾客考虑的、认知的、重视的价值是什么，这对公司经营管理极其重要。对经理人的工作而言，它就是根本的指导原则。顾客认知的价值未必是企业内部界定的价值。顾客所购买的，从来就不是产品本身，而是购买需求（want）的满足，是其认定的价值（value）。为便于理解，我经常把"value"说成"价值主张"。企业调查、分析使命范围内的非顾客和顾客认知和重视的价值是什么，然后选定、承诺（commitment）和宣传出去，就成了企业的价值主张。

山姆·沃尔顿在创办杂货店的时候，发现当时美国流通行业的平均毛利率是45%。山姆就想，"消费者肯定愿意花更少的钱买到同等数量和质量的商品，我能不能只赚别人赚的一半的钱，把毛利率控制在22%？天天平价，销量可以是别人的好几倍，肯定能挣钱"。山姆从此就坚持**"天天平价"**这个核心价值主张。1962年，以"Wal-Mart"（沃尔玛）为名在美国阿肯色州拉杰斯市开办了第一家沃尔玛平价商店。基于"天天平价"的价值主张，沃尔玛用了30年，做成了世界第一。

小米公司在创业之初，经过研究分析发现，国内消费者不仅需要价格低廉的商品，而且需要优质的商品。于是就定了一个目标：做全球最好的手机，只卖一半的价钱，让每个人都能买得起。小米手机乃至它的生态链上的产品体系都遵循**"高品质、高性价比"**的核心价值主张。这是小米公司事业成功的关键因素。

3. 我们的事业是什么

事业是什么，不是由章程决定的，而是由顾客决定的。这个问题可以从顾客购买的"效用"和认知的"价值"两个维度去思考和定义。按照德鲁克的说法，定义"我们的事业是什么"不应该只是在组织刚刚成立的时候，也不应该只是在组织遇到困境的时候，最佳的时候是组织取得成功的时候。⊖我们不但要回答"我们的事业是什么？"，还要回答"我

⊖ 德鲁克.管理：使命、责任、实践 使命篇 [M].陈驯，译.北京：机械工业出版社，2019：108.

们的事业将要是什么?""我们的事业应该是什么?"。后两者都涉及事业理论的 3 个假设层面的变化。当假设有变化时,要重新思考我们的事业是什么。

沃尔玛把"帮客户节省每一分钱"作为企业的宗旨。**"帮客户节省每一分钱"**其实就是沃尔玛的事业。

小米公司的产品之多也曾被外界诟病,但它始终以快速、高质量的发展成果屹立于市场丛林。那么小米的事业到底是什么呢?雷军后来用一句话定义小米公司:**小米是手机公司,也是移动互联网公司,更是新零售公司。**

事业理论的三个核心假设

第一,关于组织所处环境的假设,包括社会及其结构、市场、客户、技术等。

第二,关于组织特定使命的假设,一个组织的使命不是要很宏大,而是要以市场为驱动,回答或界定组织的具体业务范围。

使命假设为什么如此重要?管理必须为机构指引方向,管理必须为机构拟就深思熟虑的使命。[⊖]有了使命,管理者才能设定目标、制定策略并整合资源去获取成效。

使命回答的是企业为什么存在,事业应该是什么的问题。使命是一切商业策略的源头。使命界定没有统一的公式,我倡导的德鲁克式使命界定和陈述可以从两个维度进行:一个是满足特定顾客群体的需求,另

⊖　德鲁克.管理:使命、责任、实践　使命篇 [M].陈驯,译.北京:机械工业出版社,2019:19.

一个是满足组织的特定利益诉求，也可兼而有之。

真滋味方便菜将使命陈述为："让人们快速做出一桌好菜·创享人生真滋味"；威鸣研磨将使命陈述为："打磨光亮世界、创享美好人生"；小年派将使命陈述为："发展人·成就企业家企业"，这些都是两个维度兼顾的使命陈述。合纵文化集团将使命陈述为："创新音乐生产力，为世界创造美好体验"；璟赫机电将使命陈述为"创新流体技术，营造随需应变的工业环境"；志邦家居将使命陈述为："实现人们对家的美好想象"，这些主要聚焦于满足顾客需求的维度。

第三，关于实现组织使命所需核心竞争力的假设。组织要基于自己的优势来实现战略和组织目标，从而去完成组织的使命。

低价是沃尔玛的核心竞争力，供应链运营是其形成核心竞争力的基础优势。

小米公司的核心竞争力被雷军总结为四点：第一是米粉文化，就是和用户交朋友；第二是做感动人心、价格厚道的好产品；第三是铁人三项基本功——硬件＋新零售＋互联网；第四是实业＋投资，用生态链完善产品组合。

"关于外部环境的假设决定了一个组织将因什么得到回报。关于使命的假设规定了组织把什么结果看作是有意义的。换言之，这些假设指明了该组织认为它对整个经济和社会应做出何种贡献。最后，关于核心竞争力的假设则明确了组织必须努力的方向，以维护领先的地位。"⊖以上是德鲁克关于三个假设的定义说明。

⊖　德鲁克.德鲁克论管理[M].何缨，康至军，译.北京：机械工业出版社，2017：10.

事业理论的 4 个落实规范

1. 有关环境、使命和核心能力的假设必须符合实际

其实很多企业做事情没有清晰的逻辑，很多事未经假设就做了。如果你的组织已经取得了一定的成果，千万不要自满，其实这些成果暗合了事业理论的要求。如果干得不成功，100% 是因为违背了事业理论。如果能提前就明确这些假设，有目的、有计划地去做，成功的概率就会大一点。但按照事业理论的三大假设去做，并不意味着 100% 会成功。因为假设未必与事实相符，一个人的认知是有局限的，所以德鲁克指出了一个真理：**三大假设必须符合实际**。

财报显示，2017 年年底，海底捞还只有 273 家门店，2018 年上市当年新开店近 200 家，全球门店数量达到 466 家。2019 年新开店 308 家，2020 年继续新开店 544 家，2021 年上半年再度新增 299 家门店。海底捞 2018 年 9 月登陆港交所，2018 年至 2020 年的净利润分别为 16.46 亿元、23.45 亿元和 3.09 亿元，合计约 43 亿元。2021 年 2 月海底捞发布盈利预警，2021 年全年预计亏损 38 亿～ 45 亿元。也就是说 2021 年的预计亏损达到了前 3 年盈利的总和。海底捞创始人张勇在 2021 年 6 月的股东大会上表示，自己对海底捞的战略失误负有相当大的责任，他承认："2020 年做出的开店策略是完全错误的，我对趋势判断错了。"

资料来源：1. http://k.sina.com.cn/article 1357776253 50ee057d001011of2.html。

2. https://baijiahao.baidu.com/s?id=1725347922919841252&wfr=spider&for=pc。

海底捞在 2020 年之前的扩张开店策略是符合其事业理论的，也取得了丰硕成果，但之后，错误地判断了环境趋势，依然采取扩张开店的经营策略从而导致了失利，这验证了成败皆因事业理论的论断。

2.关于所有这三个方面的假设必须互相吻合

三大假设要相互匹配,在做使命陈述的时候,不能不顾环境;在构建组织核心竞争力的时候,要以使命的假设为前提。

3.事业理论必须被整个组织的人知晓和理解

事业理论不仅要上下皆知,而且要得到理解。在现实中,很多人误以为,这么高级的、顶层的东西,最好只有企业领导者一个人知道,就连有些高管都不能知道。这是错误的,如此怎么可能凝心聚力?喊口号就能凝心聚力吗?大家都不知晓,就更谈不上理解组织是基于什么样的假设,组织是基于什么样的经营逻辑了。

如果你是企业创始人或董事长,要自问:是不是只是自己在思考、界定这些问题,并没有真正让这些问题上下皆知,没有真正让员工理解它们?

在我服务客户的过程中,关于三大假设,我会组织客户单位的中高层管理人员共同研讨,采取培训、工作坊和现场辅导的方式产生成果。其时,在产生阶段性成果的同时就已经实现了"人人知晓和理解"的目的。

4.事业理论必须受到持续的检验

事业理论是一种假设,是对不断流动变迁的事物的假设:诸如社会、市场、客户、技术等。所以,事业理论必须要接受事实和成果的检验,自我变革的能力必须植入事业理论的内核。

事业理论的 4 个初期警讯

如何判断事业方向有没有偏差?要特别留意 4 个初期警讯:第一个

是组织达成创立初期的目标；第二个是快速成长；第三个是意外的成功，无论自己的，还是竞争对手的；第四个是意外的失败，无论自己的，还是竞争对手的。这四个警讯的出现，是重新思考和质疑事业理论原有的假设的契机。

正确而恰当的管理

管理者（executive）背负的首要期望就是做好正确的事（get the right things done），准确地说，他被期望有效（effective）。体力劳动只讲效率（efficiency），也就是只关注他们正确地做事（to do things right）的能力。[⊖]

——彼得·德鲁克《卓有成效的管理者（55 周年新译本）》

企业要想持续获得成功，最佳的途径就是通过管理层实施正确而恰当的管理。正确的管理是不断地提高效能，恰当的管理是基于效能而匹配恰当的效率，并不断提升生产力的水平。

管理有没有对错和好坏之分？我的观点：管理既有对错，又有好坏。1966 年德鲁克率先在《卓有成效的管理者》中区分了效能和效率：效能（effectiveness）意味着完成正确的事，效率意味着把事做正确。被誉为欧洲德鲁克的管理大师弗雷德蒙德·马利克（Fredmund Malik）也推崇管理有对错和好坏之分的观点，并根据德鲁克关于效能和效率的定义确定了判断依据：管理正确和错误的判断依据是效能，好与不好的区分依据则

⊖　德鲁克.卓有成效的管理者：55 周年新译本 [M].辛弘，译.北京：机械工业出版社，2022：15-16.

是效率。[⊖]这也是本书判断管理对错和好坏所遵循的依据。

我创建和倡导的简效®管理模式强调的管理的正确和错误、好与不好，不是从道德、法规层面或个人认知和价值观的层面上来判定的，而是从效能或有效性（effectiveness）以及与目标的匹配性的层面来的。

据我的观察：大部分人认同管理有好坏之分，而不觉得管理有对错之分，管理的好坏用结果达成与否及效率高低来判定。也有人认为管理有对错之分，用方向正确与否来判定。

德鲁克在《卓有成效的管理者》中对效能或有效性的定义是：get the right things done。对此，一般都译成"做正确的事"，也有译成"做好正确的事"的。其实"做正确的事"还不完整，"做好正确的事"也未必符合德鲁克的本意。本人推崇的译法就是"完成正确的事"：一方面是做正确的事，另一方面是完成它（做出结果）。"完成（做出结果）"是中性的，"做好"则在语境里自带"褒义"。完成正确的事，未必需要有"多好"。

例如：M企业经过分析，预测到某种趋势，从而开发了一种全新产品去创造一个新市场，这是正确的事。但新产品未必稳定，成本也可能很高。客户虽然接受了新产品，但意见也不少。这些都不符合常规意义上的"做好"，但完全符合德鲁克说的" get the right things done"（完成正确的事）。

苹果公司当年开发个人计算机市场时，符合"完成正确的事"，但产品和相关方面做得并不好。IBM后来"补位"，弥补苹果公司做得不太好的地方，也在行业里占有一席之地，但并没有影响苹果个人计算机市场的领先地位。因为"完成正确的事"之后，苹果又坚持"把事做正确"，

⊖　马利克.管理：技艺之精髓 [M].刘斌，译.北京：机械工业出版社，2018：45.

逐步改善了自己做得不太好的地方。

不管是"完成正确的事"，还是"把事做正确"都会有个"结果"。如果用结果与目标的匹配性去判断，说好坏可以理解，又如何说明对错呢？假设用是否有效能判定对错，那么这里还需要进一步解读德鲁克所定义的"效能"。我在教学和实践中创建了模型如图 1-3 所示，四个要素都满足了才能叫"有效性"或"效能"。

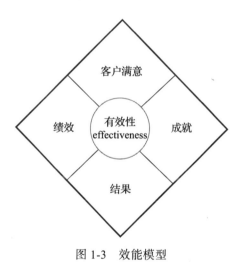

图 1-3　效能模型

首先，必须有结果（result），结果本身是中性的，结果是过程的产物。

其次，结果是组织需要的绩效（performance），这个是对应衡量目标（objective）的。与目标的匹配性也是本书倡导的管理好坏、对错的评判依据。

再次，这个结果是组织的一种成就（achievement），直接或间接地为组织所需的成果做了贡献。

最后，这个结果必须满足客户的需求，因此而满意的客户贡献了组织最终需要的经济成果。

这四个条件都满足了，才能叫"有效性"或"效能"。

简单来说，正确的事必须是以市场为驱动、以客户为中心的。

我们再来看一看德鲁克关于"效能"（原书中是"效力"，作者认为"效能"更准确）和"效率"的精辟论述：效率专注成本，效能关注的是产生收入、创造市场、改变现有产品和市场的经济特征的机会。就算是最健康、最具效能的企业，也可能因为效率差劲而破败。但如果效率最高的企业把效率用来做错误的事情，也就是缺乏效能，那么它就无法生存，更不可能成功。再高的效率也不能让过时的产品制造商生存下去。效能是基础，效率则是成功之后继续生存的最低要求。[⊖]

回到前文提出的"管理的对错和好坏之分"的问题。德鲁克没有直接如此划分，但他确实说过：**管理的对错（right or not），在很大程度上决定了企业是繁荣发展还是衰败垮台**。[⊖]下面我用图 1-4 再简单有效地区分管理的对错与好坏。

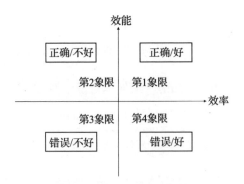

图 1-4　管理的对错与好坏

⊖ 德鲁克 . 人与绩效 [M]. 闾佳，译 . 北京：机械工业出版社，2014：38.

⊖ 德鲁克 . 人与绩效 [M]. 闾佳，译 . 北京：机械工业出版社，2014：8. 原文把"right or not"翻译为"好坏"，值得商榷，本书修订翻译为"对错"。

第 1 象限，有效能（正确）、效率（好），是正确而恰当的管理。高效能、高效率是管理永无止境的追求。

第 2 象限，有效能（正确），但没有效率（不好），虽然有遗憾，但是比第 3 象限和第 4 象限好，是可以改善的管理。

第 3 象限，没有效能（错误），也没有效率（不好），是立即要放弃的管理。

第 4 象限，没有效能（错误），但有效率（好），危害最大。方向不对，效率越高，错得越多，往往容易造成可怕的灾难性后果。这种组合要特别注意，容易被误以为是好的管理，要及时发现并放弃它。

效能是基础，效率则是成功之后继续生存的最低要求。效率关注的是成本和努力（effort），未必越高越好，要以不断提升生产力为基础去匹配恰当的效率。所以，简效管理模式倡导的是"正确而恰当的管理"。"正确"突出的是"效能"，强调的是"完成正确的事"；"恰当"对应的是"效率"，强调的是"把事做正确"。

经济绩效是管理的终极检验标准

在制定任何决策、采取任何行动时，管理必须把经济绩效放在第一位。管理只能通过其创造的经济成果来证明自己存在的价值和权威。[⊖]

——彼得·德鲁克《管理的实践（中英文双语珍藏版）》

德鲁克在《管理的实践》中旗帜鲜明地指出：企业如果未能取得经

⊖ 德鲁克 . 管理的实践：中英文双语珍藏版 [M]. 齐若兰，译 . 北京：机械工业出版社，2009：6.

济绩效，就是管理的失败。可以说，经济绩效是管理的终极检验标准。

如何定义经济绩效？德鲁克没有按照传统的模式定义它，不过他指出：如果不能以客户愿意支付的价格提供客户需要的产品和服务，就是管理的失败；如果未能令交付于它的经济资源提高或至少保持其创造财富的能力，也是管理的失败。[⊖]在《卓有成效的管理者》中，德鲁克指出直接成果对经济性组织而言就是销售额和利润。[⊜]

基于德鲁克的论述，并结合中国企业的管理实践和认知习惯，我将经济绩效简化界定为销售收入和利润。另外，根据中文的语言习惯，企业的经济绩效也可以说成是业务绩效或经营绩效（business performance）。

怎么强调经营绩效的重要性都可以，但经营绩效离不开管理绩效。按照德鲁克在《动荡时代的管理》[⊜]第 2 章 "面向明天的管理" 中的说法，经营绩效得益于 4 类管理绩效（management performance）。

1. 资金运用的绩效

企业的资金划拨权力通常都掌握在高层经理人手里。用在哪里？划拨多少？在资金运用方面的审批决策会占用管理层的大量时间。遗憾的是，划拨之后发生了什么？绩效如何？对此管理层可能疏于管理和关注。

如果一个耗资几百万美元的新工厂没有如期完工，或者花费的资金大规模超出预算，每个人都会注意到。但是如果工厂已经投产，就不会

⊖ 德鲁克.管理的实践：中英文双语珍藏版 [M].齐若兰，译.北京：机械工业出版社，2009：6.

⊜ 德鲁克.卓有成效的管理者：55 周年新译本 [M].辛弘，译.北京：机械工业出版社，2022：74.

⊜ 德鲁克.动荡时代的管理 [M].姜文波，译.北京：机械工业出版社，2009：52.

有太多人去关心其实际绩效是否达到了投资预期。对于规模较小的投资，一旦做出投资决策，就不会有人再去过问这些投资的下落。

除了上述情况，还有一种要特别注意的情形，那就是"管理层自以为是地投入的产品"[⊖]：一个项目、一个产品投入很多资金，事实上绩效并不好，但管理层仍然继续投入，"自以为是"地认为坚持一段时间就会产生绩效。

资金运用的绩效，也就是将投资的实际结果与投资预期进行对比，是衡量一个经理人的能力和绩效的重要标准。

2. 人事决策的绩效

企业的绩效是人创造出来的，对于绩效结果最根本的控制还是基于对人才的开发和任用。任何企业做出的战略规划都有未来性，把今天的资源投给未来的不确定性的管理决策，几乎都会遇到困难。如何克服这个困难，在根本上还是要取决于明日的管理者（executive），包含经理人、知识工作者和专业人士。

无论是企业对一个任职者的绩效期望，还是企业做出这一任命的理由，都是可以衡量的。它们虽然可能无法量化，但可以加以判断。如果一项任命的实际结果未能达到预期效果，就是做遴选和任命决策的高级管理者做出了错误的决策，或者用错误的方式进行了决策——这种情况非常普遍。德鲁克说：把失败的晋升归咎于被晋升者，就像把失败的投资归咎于投入的那些钱一样毫无理性。[⊖]

⊖　德鲁克. 为成果而管理 [M]. 刘雪慰，徐孝民，译. 北京：机械工业出版社，2020：66.

⊖　德鲁克. 动荡时代的管理 [M]. 姜文波，译. 北京：机械工业出版社，2009：54.

人事决策的绩效归根结底是决策者的问题。但还有一个不容忽视的问题，那就是任职者在其岗位上不能产生绩效，很大一部分原因不是能力问题，而是思维问题，首要的问题是任职者不具备贡献思维，第4章将举例说明。

人事决策，尤其是关于经理人的决策是至关重要的。正如德鲁克所说：在竞争激烈的经济体系中，企业能否成功、是否长存，完全要视管理者（manager）的素质和绩效而定。[⊖]将人事决策后的绩效与促成这一决策的期望值进行比较，这是可以做到的，也应该去做。

3. 创新的绩效

创新对组织的重要性不言而喻，但很多企业都是通过承诺（promise）来管理创新的，而有能力的创新者是通过结果反馈来管理创新的。

对于一个研究课题、一个开发项目、一项新的业务或一个新产品，我们有何期望？在一年、两年、三年或者五年之后，它们的实际结果又会如何？企业当中一定有这样一种论调：研究结果无法预测或被提前设定。这看似有道理，实际上它是可以被测量的，或者至少是可以被评价的，并可以与研究之初的期望值进行对比。同样的道理也适用于开发实践，例如对新业务、新产品、新市场和新发明的开发等。

在创新领域，即便是最有能力的管理者，其成功率或许最高只有30%，也就是每三次尝试可能有一次成功的机会。创新有随机成分，结果是不确定的。但是有一些公司，例如宝洁和3M，在产品开发和推广

⊖　德鲁克.管理的实践：中英文双语珍藏版[M].齐若兰，译.北京：机械工业出版社，2009：2.

方面一直做得比别的公司好，其中必定有原因。

奥兰克泵业是一家坐落在昆山的民营企业，企业规模不大，但对我倡导的简效管理模式很认同并积极实践。该企业在创新方面绩效显著，在 2020～2021 年不利的环境中业绩保持 100% 的增长。该企业在制定年度业绩目标的时候，会设定"创新产品或市场的销售收入占比"这个目标，通常是创新收入占总收入的 20%，全过程对比目标检核创新绩效。

无论 3M，还是奥兰克泵业，成功的原因中都有一条：系统地评估创新绩效，并与预期目标进行比较。只有这样，才能提高和改进。最重要的是，这种方式让企业知道自己擅长做什么。

4. 战略规划的绩效

管理绩效可以并且应该通过对比业务战略来进行衡量。评价问题很简单：战略所预期的事情实际上发生了吗？考虑到企业内部和外部市场、社会中的实际发展，当初设定的目标是正确的吗？这些目标实现了吗？通过绩效来评价战略，需要明确地界定期望值，根据对期望的实际对比来进行衡量和反馈。

"不管战略规划采用何种组织形式，它都是一个利用企业资源创造未来的过程。因此，对于管理在'创造未来'这一责任上所取得的绩效来说，战略规划方面的绩效至关重要。对战略规划绩效的评估是对管理绩效的最后一项检验。"[⊖]

经营绩效和管理绩效是相辅相成的。如果企业经营的业务本身有问题，那么上述 4 类管理绩效所拥有的技能再强大也无济于事。就像效率

⊖　德鲁克 . 变动世界的经营者 [M]. 林克，译 . 北京：东方出版社，2009：11.

再高的马车企业，也逃脱不了被淘汰的命运。管理绩效不好至少可以让企业很快发现经营的业务已经过时，或者企业不具备进一步发展的经济条件。

另外，除非管理层在投资决策、人事决策、创新以及战略规划等方面都做得很好（至少是恰当的），否则即便是正确的业务和正确的目标也不会带来绩效。

经济绩效是管理的终极检验，管理层要时常评估自己的绩效成果，可以按照绩效成果检核评估表，适时进行检核评估，见表1-2。建议每半年认真检核和评估一次。

表1-2　管理层绩效成果检核评估表

序号	类别	绩效项目	现状	期望	偏差	评分
1	经营绩效	销售收入				10□ 9□ 8□ 7□ 6□ 5□ 4□ 3□ 2□ 1□
2		利润				10□ 9□ 8□ 7□ 6□ 5□ 4□ 3□ 2□ 1□
3	管理绩效	资金运用				10□ 9□ 8□ 7□ 6□ 5□ 4□ 3□ 2□ 1□
4		人事决策				10□ 9□ 8□ 7□ 6□ 5□ 4□ 3□ 2□ 1□
5		创新				10□ 9□ 8□ 7□ 6□ 5□ 4□ 3□ 2□ 1□
6		战略规划				10□ 9□ 8□ 7□ 6□ 5□ 4□ 3□ 2□ 1□

打破制约创造巅峰绩效的"魔咒"

创造巅峰绩效，我坚信这是绝大部分企业都期望的，也应该成为所有企业的追求。但实际上，根据我的观察，很多企业的绩效成果并不理想，更不用说巅峰绩效了。那是因为企业的行为不力吗？表面看是，但我们回顾前文讲到的心智逻辑：结果由行为决定，行为由思维决定，思维由认知决定。认知、思维和行为都是不可或缺的影响因素，但认知和思维是不易被觉察的。认知和思维层面有偏差，就会形成"魔咒"，影响行为，从而导致结果不理想。

本书在此特别提出"目标从来都不是合理的""绩效目标不是用来100% 实现的""巅峰绩效目标不是用来考核的"三个观点，以此打破制约创造巅峰绩效的三大"魔咒"。

目标从来都不是合理的

目标从来都不是合理的。换句话说，想要设定合理的目标、追求目标合理，是制约创造巅峰绩效的最大"魔咒"。如果认同"目标从来都不是合理的"，就可以为创造巅峰绩效扫清认知和思维障碍。

2021 年 11 月 11 日，现代管理学之父德鲁克逝世 16 周年，本着"传承与弘扬是最好的缅怀"的信念，我主导发起了"德鲁克思想应用大师赛"，首期于 2022 年 1 月 18 日顺利落幕。参赛的企业都是我服务过的企业，它们大部分都是因为我的服务而认知、喜欢并学习实践德鲁克管理思想的。面对同样的外部环境，所有参赛企业在 2020 年和 2021 年都取得了不俗的成果，业绩增长水平都在行业领先。其中，陕西建工第十一建设集团有限公司（简称"陕建十一建"）、苏州奥德高端装备股份有限公司、昆山奥兰克泵业制造有限公司、嘉兴市宏图路桥有限责任公司在两年里业绩增长超过 100%，江苏拓米洛环境试验设备有限公司在两年里业绩增长超过 200%。目标从来都不是合理的，我服务过的很多企业因践行"高标准的目标导向"理念而受益。

我时常说，学管理不要用数理化的逻辑，不要过于严谨，因为"管理学"就不是严谨的"科学"，管理重实践，是实践、艺术和科学的统一体。前文所述的"目标从来都不是合理的"首先是倡导一种思维模式，其次是一种认知和价值观导向。

假设倡导设定合理目标，那么人们在定目标的时候，是定低一点还是定高一点好呢？我想答案是不言而喻的。或者说，有些人在定目标的时候，更多的只是看到眼前所具备的那些资源。如果只是关注这些资源，他把目标定得合理，还是不合理？他定出的目标很可能是很合理的。但是，企业是处在外部竞争环境之中的，这个环境不是可以被掌控的。企业运作的质量好不好，第一个衡量目标是"市场地位"。"企业只有保持领先，才可能取得经济成果，光有能力是不够的。任何领先优势都不会是永久的，而且很可能好景不长"。[⊖]为使企业力争市场领先，我在管理培训和咨询顾问的服务中，一直推动企业家和经理人及其组织践行"目标从来都不是合理的"价值观。

"目标从来都不是合理的"是倡导目标导向的思维模式。实际上，根据我的观察和调研：大部分人都是资源导向的思维模式。

不同的思维会导致不同的行为和不同的结果，属于资源导向的人更注重定"合理"的目标，因为他基于现实情境。属于目标导向的人，敢于突破现实情境、挑战现状，去创造更美好的未来，其目标描述的是未来的一种状态。

美国的顶尖学府有号召学生做新年计划的传统。1979 年，哈佛商学

⊖ 德鲁克.为成果而管理 [M]. 刘雪慰，徐孝民，译.北京：机械工业出版社，2020：6-7.

院的学者们做了一项研究，他们选择一个班级做实验，请学生们为自己的未来规划一个目标，结果显示：

84% 的人没有任何目标。

13% 的人有目标，但是没有具体实施步骤。

3% 的人既有目标，也有具体实施步骤。

10 年之后，哈佛的学者们追踪那些被调研的学生们，发现：

那 13% 的人（有目标，但是没有具体实施步骤）的收入，是 84% 的人（没有任何目标）的收入的 2 倍。

那 3% 的人（既有目标也有具体步骤）的收入，是其余剩下的 97% 的人的 10 倍。

虽然这只是一定的样本数据，但这个案例也能给我们一定的启发。在现实中，我们不难发现身边的成功人士，大部分人属于目标导向型。

再来看一个案例：

2001 年蒙牛提出未来五年要达到年销售收入百亿元的目标，而当时蒙牛年销售收入只有 7.24 亿元。这个目标太不合理了，很多人不相信蒙牛凭当时的条件可以实现。

但是经过五年奋斗，蒙牛超额完成了既定目标，于 2005 年销售收入就达到 108 亿元，跃升到行业前列。他们为什么能实现这个目标呢？

也许牛根生说的话可以让我们体会到蒙牛的管理方式，"不问我的一双手能干多少件事，只问移泰山需要多少双手；不问我的一口锅能煮多少斤米，只问劳千军需要多少口锅；不问我的一盏灯能照多少里路，只问亮天下需要多少盏灯！"

蒙牛从目标出发，反向推演，步步连接；倒推资源配置，倒推时间分配，连接战略战术，连接方法手段……从而实现了自己的目标。

下面是江苏拓米洛高端装备股份有限公司创始人姚成林先生在内部会议上的一段讲话，希望能给大家更多的启发。

"各位经理及主管：2022年我们的总体目标已经制定完成了。无论是业绩目标、利润目标，还是提出的从无序到有序、从低效到高效、从品质差到品质好、从成本高到成本低等方向性目标和分解出来的具体落实性目标都是有很大的挑战性的。

首先，各位要坚决承接公司和中心的目标，虽然这些目标对当下的你和你的团队来说是有困难的，但我们不能因此就不承接目标，或者迫于上级压力承接了，心里还是默默地认为这不可能实现。这种心态是要不得的，因为目标是基于未来的，目标就是用来牵引我们团队无论从认知上，还是能力上都得到提升的。只要这些提升了，目标就会实现。

例如，H总对D说，明年资源不变，产能要翻2.5倍，D的第一反应可能是这不可能。这是正常人的正常反应，但作为经理人是不可以的，我们一定要承接。经理和主管要做到因为相信，才能看到，然后努力实现，让大家看到（基层同事因为看到了你的努力，才会相信）。

一个反问：在现有认知和能力下的D凭什么拒绝承接一个6个月后更高认知和能力的D应该承接的目标呢！拒绝承接目标是不是对跨过时空未来的D不负责任呢？未来D会责怪现在的D，因为现在的D拒绝了一个更好的D的诞生。"

德鲁克用"目标并不决定未来，目标是调动企业的资源和精力去创造未来"[⊖]这句话引导我们要先有目标导向，再去整合资源。

[⊖] 德鲁克.管理：使命、责任、实践　使命篇 [M].陈驯，译.北京：机械工业出版社，2019：126.

目标从来都不是合理的，我极力倡导要坚持目标导向，而且是高标准的目标导向。聚焦追求目标合理，不自觉地就会走向资源导向，就会被当下的情境所限，被眼前的资源所限，掩盖了人的潜能，造成实现的目标较低，最终影响组织的市场地位。

绩效目标不是用来 100% 实现的

我在线下课堂上经常问现场学员：你们到底是喜欢"超越目标"还是"挑战目标"？答案自然是各不相同，理由也是各不相同。其实这两个说法没有对错，取决于人的"认知和思维"。

"超越目标"就是制定了一个目标，最终实现的绩效是超过原定目标的。

例如，在年会上，某企业总经理发言："今年我们制定的年度销售收入目标是 4 亿元，最终实现 5 亿元，超越目标 1 亿元。"掌声雷动。

"挑战目标"就是制定了一个高目标，最终实现的绩效是低于原定目标的。

例如，在年会上，某企业总经理发言："今年我们制定的年度销售收入基础目标是 4 亿元，挑战目标是 5 亿元，最终实现 4.5 亿元，挑战目标没成功，但超越基础目标 5000 万元。"掌声雷动。

超越目标和挑战目标，没有对错，但涉及价值导向。如果追求"超越目标"的成就感，就会不自觉地把目标定得低一点；如果追求"挑战目标"的成就感，就不会满足于实现低目标。

1968 年，马里兰大学的一位心理学教授埃德温·洛克（Edwin Locker）提出了一个理论，对安迪·格鲁夫（Andy Grove）产生了很大的影响。洛克指出：首先"困难目标"往往比简单目标更能有效提升绩效；其次，具体的目标往往比含糊其词的目标"带来更高的产出"。在随后的半个世纪里，超过 1000 项研究证实了洛克的发现，90% 的结果都表明：明确的、具有挑战性的目标确实能够提升生产率。

德鲁克早在 1954 年的《管理的实践》中就旗帜鲜明地倡导高标准的绩效精神，"大师的大师"的美誉真是实至名归。德鲁克还有一个很有意思的观点：**绩效并不是每枪必中靶心，那只是维持几分钟的马戏团表演而已。**⊖当然，我说"目标不是用来 100% 实现的"不仅仅是受德鲁克这个观点的影响，还有其他原因。

其一，如果总是追求目标实现，势必会不自觉地定低目标。但只要客户的需求在，竞争对手在，竞争同行是不会手下留情的，它们会最大限度地占有市场，提升自己的市场地位。所以我主张用挑战目标去激发组织创造巅峰绩效，最大限度地获得更高的市场地位，提升竞争优势。

其二，德鲁克表达过这样的意思：达成了原定的目标，就是"事业理论"过时的警示和征兆⊜。事业理论是企业经营管理的根本假设，如果真的出现过时的征兆，就要非常认真地对待和重新分析并设定假设。通常，企业以资源导向的思维模式都是在低水平的标准基础上实现目标，如此会低估环境、低估企业提升竞争力的能力。

⊖　德鲁克.管理：使命、责任、实践　实践篇 [M].陈驯，译.北京：机械工业出版社，2019：96.

⊜　德鲁克.巨变时代的管理 [M].朱雁斌，译.北京：机械工业出版社，2009：26.

其三，挑战目标，更能激发组织的潜能，更能驱动组织进行真正的创新。

柳井正在《经营者养成笔记》中讲了自己和企业如何设定挑战目标，不满足现状，获得成功的故事⊖。迅销公司总是制定销售额达到当时 3～5 倍的目标，正是这种被大家视为不现实的高远目标，逼着企业和员工进行各种各样的创新，因为延续现有做法是无法实现如此高远的目标的。

江苏拓米洛是少年派 DMTP "E+ 经理人研修营"的第一个专场班客户，创始人十分认同我的"目标不是用来 100% 实现的"和"目标从来都不是合理的"等观点，主动在组织中坚决推动"高标准的目标导向"，在 2019 年 8000 万元的销售收入基础上，面对不利的外部环境，在 2020～2021 年里实现了业绩超 200% 的增长。

其四，正如德鲁克在《管理：使命、责任、实践》（使命篇）第 8 章"如何使用目标"中提到的：

1. 目标不是命运，目标是方向

目标是方向，没有方向，结果就会无序，甚至没有结果，有结果也像是"赌博"的结果。方向的重要性怎么强调都不过分，所以目标 4 要素之首就是要确定"目的目标"，也是指明方向。

2. 目标并不决定未来，目标是动员企业的资源和力量来创造未来的手段

没有目标，也就无法知道需要整合和运用什么资源。目标导向，让

⊖　柳井正 . 经营者养成笔记 [M]. 北京：机械工业出版社，2017：23.

资源得以体现价值。

3.目标是用来衡量绩效的标准

没有目标，就无法衡量和评价绩效，不能衡量和评价绩效，也就无所谓好与不好。管理是有好坏的，但没有目标就无从评判。

巅峰绩效目标不是用来考核的

"必须建立很高的绩效标准，不能宽容差的或平庸的表现"[一]，高标准的绩效精神是德鲁克倡导的，创造巅峰绩效也是企业发展需要的。可能很多人也认同高标准的目标，但在企业管理实践中会不自觉地"自保"，因为有一个"枷锁"和"魔咒"，那就是要面对现实的绩效考核和评价。

如果因为不恰当的绩效考核机制无法设定巅峰绩效目标，自然也无法创造巅峰绩效，这实在可惜。必须破除这个"枷锁"和"魔咒"，巅峰绩效目标不是用来考核的。做法其实也不难，我一直推崇采用一种比较简单的 ABC 法则：

A（average）是平均、一般值，引申为"底线目标"。没有这个目标值，企业就很难生存下去，更谈不上发展了。从理论上说，一个企业的生死线就是企业的盈亏平衡点。另外，还有一个重要的分析方法是经济附加值分析法（EVA），在企业获得的利润大于资金成本之前，企业其实始终是处于亏损状态的。

B（benefit）是理性的"考核目标"。完成这个目标对个人和企业都有利：企业有利润，个人有绩效收益。这个目标值设定重点参照第 6 章

　　㊀ 德鲁克.管理的实践：中英文双语珍藏版 [M].齐若兰，译.北京：机械工业出版社，2009：108.

中的"设定并聚焦重点绩效目标"中提到的"数据维度"。这个目标一般能被欣然接受，因为价值取决于成果贡献，这是市场铁律。

C（challenge）是"挑战目标"。设定挑战目标，才有可能创造巅峰绩效，也比较符合高标准的绩效精神。但这个目标不能用来考核，一考核就会起反作用。这个目标是用来激励的：一是获得挑战高目标的成就感，二是每超过考核目标就应该有资金奖励，超过越多，奖励越多。挑战值如何设定呢？严格地讲是没有章法的，理论上只要没有超过市场规模所限和不违背反垄断法，定多高都是可以的。当然，在实操中，我还是会建议在 B 线目标的基础上再提升 30% ～ 50% 定 C 线目标。

例如，一个企业的 B 线目标是销售收入 2 亿元，C 线目标就可以定 2.6 亿～ 3 亿元。这只是供参考，不是绝对的。当年优衣库的柳井正定目标都是 3 ～ 5 倍的挑战，完成 1 亿元，目标就定 3 亿元。看似不可能的目标，最后都完成了。成功的秘诀就是创新，按照常规做法是无法达到挑战目标的。

目标的作用之一就是能预测行为，要想实现高目标，墨守成规是不行的，所以目标设定要带有强烈的导向性。

TOWARD PEAK PERFORMANCE

第 2 章

创造巅峰绩效的
业务和管理逻辑

绩效成果的根源在于创造客户

应该记住最重要的事：任何企业的成果只存在于外部。商业经营的
成果是满意的客户。[⊖]

——彼得·德鲁克《德鲁克管理思想精要》

创造巅峰绩效，首先必须明确绩效成果来自哪里？

任何企业的成果只存在于外部，商业经营的成果是满意的客户。在
《管理的实践》中，德鲁克有一个著名的论断：关于企业的目的，只有一
个正确而有效的定义——创造顾客。市场不是由上帝、大自然或经济力

⊖ 德鲁克.德鲁克管理思想精要 [M].李维安，王世权，刘金岩，译.北京：机械工业出版
社，2009：9.

量创造的，而是企业家创造的。[一]

因此，创造巅峰绩效首先必须目光朝向外部，终极成果在客户那里。本着创造客户的目的，才有可能收获最终的成果、实现创造巅峰绩效。

大多数人通常认为企业的目的是追求利润或者追求利润最大化，但实际上创造客户才是因，利润是创造客户的果。以市场为导向、创造客户，德鲁克的这些观念得到了学术界和企业界的广泛认同和响应，人们做出了积极的理论和实践探索。被誉为现代营销学之父的科特勒，在为《跟德鲁克学营销》作序时很谦逊地说：如果我是现代营销学之父，德鲁克就是营销学的祖父（grandfather）。[二]营销近视症是著名的市场营销专家、美国哈佛大学管理学院西奥多·莱维特（Theodore Levitt）教授在1960年提出的一个理论。营销近视症就是指不恰当地把主要精力放在产品或技术上，而不是放在市场需要（消费需要）上，其结果导致企业丧失市场，失去竞争力。这是因为产品只不过是满足市场消费需要的一种媒介，一旦有更能满足消费需要的新产品出现，现有的产品就会被淘汰。同时消费者的需求是多种多样，并且不断变化的，并不是所有消费者都偏好某一种产品或价高质优的产品。市场的饱和不会导致企业的萎缩，造成企业萎缩的真正原因是营销者目光短浅，不能根据消费者的需求变化而改变营销策略。

不论学术界怎么探究，本质上还是要创造客户。由于创造客户不太好理解，为了便于理解，以下有些关键词使用中英文对照，因为有些中文释义意思差不多，但在英文中还是有区别的。

○　德鲁克.管理的实践：中英文双语珍藏版 [M].齐若兰，译.北京：机械工业出版社，2009：28.

○　科恩.跟德鲁克学营销 [M].蒋宗强，译.北京：中信出版社，2013.

人都有基本的生理和心理需要（need），但仅有需要还不能构成商业行为。例如，人们饿了，自然要设法解决，这是刚需。但人们可以自己种植食物、自给自足，这就不能称为"客户"，"市场"也不存在。慢慢地，人们开始有了新的欲望（want）：能不能用某种产品或服务来解决问题，但这个时候还不能称为"客户"，"市场"也还不存在。后来，有商业人士（businessmen）敏锐地捕捉到人们的需要和欲望，设计并提供相应的产品或服务，而且人们有一定的购买力，这样原来的需要和欲望，都可能变为被商业人士满足了的需求（demand），这个时候就有了"客户"，有相关需要、欲望和具有购买力的人，就构成了"市场"。

为了进一步简单有效地说明它，我把创造客户划分为三个层级，如图 2-1 所示。

满足需求是最低层级。一味地满足需求，很容易造成莱维特所述的营销近视症，也容易给企业造成陷入"红海"的巨大竞争压力。客户的需求是变化多端的，欲望是可以被激发的，引导需求可以一定程度地避开竞争，或者说利用自己的优势去竞争。

图 2-1　创造客户的三个层级

人的欲望是无止境的，不是所有人都能清晰地界定自己的需求。创造需求就是要突破性创新，提供新的有别于人们原来的期望和认知的产品或服务。乔布斯就是创造需求的典范人物，无论当年苹果的个人计算机，还是后来的苹果手机，都是在创造需求。

经济学家通常认为商业人士的行为完全是被动的，如果他们把事业经营得很好，就表示他们能快速地应对外界的变化，经济状况完全由客观的力量所控制。德鲁克不那么认为，他在《管理的实践》第 5 章的"企业是什么"中表达过这样的意思：企业（business）是由人创建并管理的，对企业的影响，人的力量大于外部力量。以创造客户为目的，抓住一切营销机遇，有意识地、有方向地行动，就能最大限度地改变、影响企业所处的经济环境。

创造客户，是企业生存与发展的原动力；创造客户，是经济成果的来源；创造客户，是创造巅峰绩效的根基。

产生经济绩效的业务逻辑

组织的直接成果通常是不言自明的。如果是企业，它们就是经济成果，例如销售额和利润。[⊖]

——彼得·德鲁克《卓有成效的管理者（55 周年新译本）》

我用两个公式来说明经济绩效的业务逻辑：

公式 1：　　　　　利润 = 收入 − 成本

公式 2：　　　　　销售收入 = 市场需求 × 市场份额

追求合理的必要利润

大家耳熟能详的公式 1 将两大经济成果联系在一起。通过这个公式，我们可以进一步了解为什么追求利润最大化不是企业的目的。

如果企业的目的是追求利润最大化，从公式 1 来看，为追求利润，要么提高收入，要么降低成本。根据我的观察和研究，大部分企业首先

⊖　德鲁克.卓有成效的管理者：55 周年新译本 [M].辛弘，译.北京：机械工业出版社，2022：74.

想到的是控制成本，因为成本相对可控。但"企业的存在是为了创造财富，而不是为了控制成本"[⊖]。成果是靠必要的付出和成本换来的。一味地降低成本，就会不自觉地损害员工和供应商的利益。这是企业常用的方法，但一味地降低成本，也很可能伤害客户的利益。

"企业的目的是追求利润最大化"这个观点，我们不讨论对错，但确实值得商榷。按照德鲁克的说法，追求利润最大化不是目的，但企业绝对需要赚取足够的利润，才能抵御未来的风险，或者说企业至少要赚取最少的必要利润，如此才能存活，才能持续地满足客户的需求。利润最大化不是企业的目的，这不仅是在理论层面的探讨，而且是有很大的实践价值和意义的。

华为就是实践"最少必要利润"的典范企业。任正非旗帜鲜明地指出，要节制自己对利润的贪欲，赚小钱不赚大钱。任正非对 2000 多年前李冰父子的"深淘滩，低作堰"极度推崇。深淘滩，就是确保对增强核心竞争力的投入，确保对未来的投入，即使在金融危机时期也不动摇，同时不断地挖掘内部潜力，降低运作成本，为客户提供更有价值的服务。低作堰，就是节制对利润的贪欲，不要因短期目标而牺牲长期目标，自己留存的利润少一些，让给客户的利益多一些，并善待上游供应商。

任正非认为："我们一切出发点都是为了客户，其实最后得益的是我们自己。有人说，我们对客户那么好，客户把属于我们的钱拿走了。我们一定要理解'深淘滩，低作堰'中还有个低作堰。我们不要太多钱，只留必要的利润，只要利润能保证我们生存下去。把多的钱让出去，让

⊖ 德鲁克. 21 世纪的管理挑战：中英文双语典藏版 [M]. 朱雁斌，译. 北京：机械工业出版社，2006：82.

给客户，让给合作伙伴，让给竞争对手，这样我们才会越来越强大，这就是'深淘滩，低作堰'"。[一]华为公司的经营目标不是追求利润最大化，所有薪酬、经营的指导方针都不能追求利润最大化。利润最大化实际上就是牺牲未来，失去战略地位。

我希望大师的良言忠告，以及卓越企业的实践，能启发更多的企业。如果以追求利润最大化为企业的目的，就会不自觉地干出影响企业长期发展的事情，不自觉地把相关利益方推到不利的局面，不自觉地伤害企业生存的"衣食父母"——客户的利益。

第2个公式的应用价值非常高。我在提供培训、咨询顾问服务时经常鼓励大家挑战这个公式，但至今还没实现。这个公式指明了本质，一家企业的销售收入等于其所在的整个市场需求（也可以叫市场规模）乘以其市场份额（也可以叫市场占有率）。例如，一家企业面对的市场需求或者市场规模是100亿元，该企业市场占有率是12%，那么其销售收入就是12亿元。要想提高销售收入，有两条途径：一个是扩大市场需求，另一个是提高市场份额。掌握这个原理就容易找到解决方案了。

问题引发市场需求

需求从何而来？问题引发需求。

企业和公共服务机构不是为了它们自身而存在，而是为实现特定的社会目标而存在，为满足社会、社群以及个人的特定需求而存在。[二]企业是社会的器官，器官必须实现其特定的功能。换句话说，解决社会问题

　㊀　黄卫伟.以客户为中心[M].北京：中信出版社，2016：51.

　㊁　德鲁克.管理：使命、责任、实践　使命篇[M].陈驯，译.北京：机械工业出版社，2019：44.

是企业存在的理由，社会问题催生各种需求。

德鲁克管理有三大核心任务，其中之一就是管理和承担社会责任。企业是社会的器官，在实现功能（运行）的过程中，必然会对社会产生一些负面影响，如要消耗资源，会产生对环境的破坏等。最大限度地减少对社会的负面影响，是企业的社会责任，是企业的一项义务。但如果我们只是这样理解社会责任，那就低估了德鲁克的伟大之处。管理和承担社会责任还有一个重要的维度，那就是把社会问题转化为商业机会。社会问题的解决，会产生社会创新，会创造客户，会直接或间接地使企业得到利益。

解决社会问题直接带来企业利益的案例比比皆是。例如，在互联网发展过程中，存在的信息安全问题，催生了众多提供互联网安全解决方案的公司。人们的出行需求，催生了网约车这个新事物，并且迅速得到发展。食品安全问题、环境问题、老龄化问题等众多社会问题的存在，都是企业发现商机和承担社会责任的契机。

需求从何而来？从本质上说是问题引发了需求。企业的存在就是要去解决社会问题，从而满足特定客户群体的需求，达到创造客户的目的和实现利润的结果。消费者型客户是需求的源头，而组织型客户的需求是衍生需求。例如，手机行业，因为消费者对手机的消费需求，引发了整个手机行业产业链的需求。

关注客户购买行为以提升市场份额

企业的目的是创造客户，创造客户正是营销的本质。以客户为中心，营销工作必然要关注客户的购买行为。营销研究者和实践者都明白客户做购买决策要经历若干阶段，客户的购买行为决定了需求的归属，或者说需求被谁占有转化为销售收入。我根据研究和培训、辅导企业的实践，将客户的购买决策过程划分为六个阶段：问题感知、分析研究、需求确认、方案对比、决策购买和使用评估。这六个阶段对消费者型客户和组织型客户都是适用的。

1. 问题感知

消费者意识到现实和期望的差距，激发了新的欲望，这是需求和购买的源头。组织型客户也是如此：使用部门发现现在的设备生产效率偏低；原来供应商的原料质量稳定性存在一定的问题；CEO想到要实现行业第一的愿景，其实还存在不少问题。这个问题不一定是消极的，通常都是积极的，因为是基于更远大的期望。对营销而言，问题感知这个环节至关重要，很多书中讲营销是从让客户认识到产品的存在开始的。我认为那不是以客户为中心，本质上还是打着"营销"旗号的销售思维。

问题引发需求，营销人士在这个阶段的核心措施不是让客户了解产品，客户关注的不是产品，而是德鲁克提出的经典问题："客户购买的是什么"这个效用，当然产品也要满足客户的核心利益。关切、激发客户的问题，要以客户为中心。现在感知的问题，要么是过去产生的，要么是在未来可能产生的。未来可能产生的问题，正是创造需求、创造客户的关键之处。

在这个阶段，营销人员尽早与客户沟通很重要。以客户为中心，以关注客户为视角，如此才可以建立初步的信任。

2. 分析研究

问题引发需求，当客户感知到自己的问题时，需要和欲望便会强化。这个时候无论消费者型客户还是组织型客户，都会主动去获取信息进行分析研究，以确认自己的问题有解决方案。在分析研究环节，重点未必是关注产品或服务本身，消费者型客户或组织型客户关注的依然是自己的问题，如有没有解决的必要，有没有类似的案例，有没有解决方案。

德鲁克在《为成果而管理》的第 6 章和第 7 章讲的核心要义就是：企业经营的是客户和知识。营销此时的任务不是去炫耀自己的产品，而是以客户为中心，以自己是某方面的知识权威的形象给客户提供顾问咨询服务。从这个视角看，任何行业都是咨询业，都可以为客户提供咨询顾问。企业要用咨询顾问的思维方式思考，重新定义自己的业务是什么。

一旦具备了这种思维，给客户呈现信息和知识就不难了。客户有分析研究的需要，营销工作就提供信息和知识，让客户未见其人先闻其声，进一步激发客户的需要和欲望，也进一步建立和促进与客户的信任关系。

3. 需求确认

客户通过问题感知和分析研究，确定自己的需要和欲望是可以被满足的。这时候适合确认需求，组织型客户在这个环节会定义详细的需求。

4. 方案对比

无论消费者型客户还是组织型客户，这时候都会对潜在的产品或服务进行分析、对比，以选出最符合自己需求的那个。当确定了需要的产品或服务，也就是基本效用能得到满足后，客户追求的就是价值了，也就是要回答德鲁克的经典问题"客户认知的价值是什么"。如此，客户评价产品的标准和方法会有很大的差别，就拿衣服来说，有人喜欢大品牌的，有人喜欢款式新潮的，有人喜欢布料安全无刺激的，等等。组织型客户通常内部都有一套方案对比的机制，这是营销人员需要事先获取的信息。价值传播就是激发客户的兴趣和选择。方案对比看似客户在多项之间比较，看似竞争导向，实际上还是客户的认知价值起决定性因素。

5. 决策购买

这个环节是产品能否变成商品的关键环节，是营销的关键成果检验。无论消费者型客户还是组织型客户，需求方和决策方都不一定是一致的。例如，家里的孩子对某个产品有强烈的需求，经过前面的一系列过程后，关键的购买决策却可能是妈妈或者是爸爸做，这是营销人员需要特别注意的。客户到底是谁？他们的认知价值是什么？

组织型客户通常有一套决策流程，涉及多个相关方，营销人员务必知晓和识别不同阶段的客户是谁？他们的认知价值是什么？最大限度地满足各相关方，才有可能在竞争中立于不败之地。营销人员要想促成客户的购买行为，一方面，对消费者型客户提供更多有关产品的详细的情报，着重呈现需求满足的利益点；另一方面，对组织型客户要通过各种销售服务提供方便，加深其对企业及营销人员的信任，促使其做出购买企业产品的决策。

6. 使用评估

客户购买了产品，并不代表一切结束了。就像科特勒所说"购买过程早在实际购买发生之前就开始了，并且购买之后很久还会有持续影响"[一]。消费者购买产品后，往往会通过使用以及家庭成员与亲友的评判，对自己的购买选择进行检验和反省，重新评估购买这种产品是否明智、效用是否理想等，形成购买后的感受。很多营销人员过于偏重售前，而忽视售后，这是一种典型的营销短视行为。消费者对企业真正形成印象往往是从购买并使用了产品之后开始的，双方之间的信任关系也是从

[一]　陈娇. 科特勒营销全书 [M]. 北京：中国华侨出版社，2013：94.

此刻才开始真正升华的。

组织型客户的使用评估更是会系统性地进行。一般组织型客户都有一套评价机制，使用评估环节决定了是否还会购买。真正的销售是从售后开始的。营销人员要重视客户在购买后的使用情况和感受，争取与客户建立长期、紧密的合作关系。

两个公式揭示了经济绩效的业务逻辑。从原理上分析，才能保证方向正确并采取有针对性的措施去改善、实现销售收入和利润的双增长，让企业持续赢利。

3 个管理要素指向巅峰绩效

我们讨论如何设计（engineering）工作，让人力达到最佳绩效。当然，这只反映了一半的问题，我们必须组织人力来完成工作。⊖

——彼得·德鲁克《管理的实践（中英文双语珍藏版）》

继在《管理的实践》第 22 和第 23 章给出创造巅峰绩效的指引后，德鲁克又在《管理：使命、责任、实践》（使命篇）中提出——我整理为"3W"概念，3W 分别是 work、worker 和 working 的首字母。工作（work）是客观、非人格性的，无论体力工作者的工作，还是知识工作者的工作，都具有一般性和普遍性。"工作"本身没有什么本质区别。德鲁克在《管理的实践》第 22 章"创造巅峰绩效的组织"中指明：创造巅峰绩效首要的要求就是为效率最大化设计工作，然后组织工作者（worker）完成工

⊖　德鲁克.管理的实践：中英文双语珍藏版 [M].齐若兰，译.北京：机械工业出版社，2009：218-222.

作。正因为人不是客观的，而是具有人格性的，受各种因素的影响（正如一句古话所讲："你所雇用的，不是一个的手，而是整个人"），所以必须对从事工作（working）进行管理，将工作有成效和让人有成就很好地结合起来。

3W 就是 3 个管理要素，直接指向巅峰绩效。本着简单有效法则，我将 3 个要素组合为一个公式，如图 2-2 所示。这个公式也非常好地呼应了德鲁克在《管理的实践》第 22 和第 23 章中强调的朝向巅峰绩效的三个关键任务：设计工作、组织人去实施工作和激发人创造巅峰绩效。换句话说，这三个关键任务正好对应、实践 3 个管理要素：工作、工作者和从事工作。

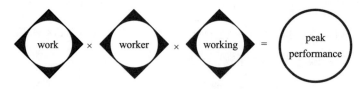

图 2-2　由 3 个要素组合的创造巅峰绩效公式

本书第 3 ～ 6 章都是基于 3W 管理要素和创造巅峰绩效公式的细化分解，此处我们采用逆向思维来看 3W 管理要素如何影响绩效产生。

"请给我结果"依然是很多经理人热衷的说法，不论对错，但有"官僚化"之嫌。从公式来看，如果仅仅盯着想要的绩效结果看，意义不大。要想有绩效，就要从设计工作开始，然后组织工作者去匹配工作，通过从事工作（working），最终创造巅峰绩效。

我们反过来看，绩效不佳通常都有哪些原因？

在现实中，企业和经理人都喜欢将绩效结果不佳解释为：执行力不好。执行力不好的说法过于笼统。分析一下，通常会有三个主要原因：

其一，行动不力。没有按照计划的工作开展工作，或者力度不够。其二，检查和反馈不够。没有及时检查和反馈，等到结果出来，已经于事无补了。其三，奖惩不明。做好或做不好，问题都不大，或者说和当事人关系不大。这三点属于人在实施工作层面的问题，即属于从事工作的要素。

如果前三个原因都不是，通常可能出现另外两个原因：一个是人选得不合适，没有为对应的工作匹配上合适的人。另一个是人的技能方面出现了问题，同样的工作，有的人做得好，有的人就做不好。以上两个原因属于选用工作者的要素。

假如前面提到的原因都不是，在现实中还存在三个常见的原因：其一，资源配置不到位；其二，方法不当，工作任务和工作措施不恰当导致无法实现绩效；其三，目标不当，如果目标不当，依此设计的工作也就会有问题。这三个原因属于设计工作的要素。关于目标不当，请阅读第 6 章中的"设定并聚焦重点绩效目标"一节。

将以上绩效不佳常见的原因排除了，管理好 3W 要素就会指向巅峰绩效。

绩效不好，不要随意判定为执行者的问题。我要强调的是：绩效不好，首先应该视为系统问题；绩效不好，主责任人应该是经理人。正如德鲁克所述：我们谈论企业的"衡量目标"和"绩效"，企业的衡量目标是管理层的目的目标，企业绩效也代表管理层的绩效。如果一个企业未能取得应有的绩效，我们完全有理由去更换一名新的总裁，而不是去辞退员工。[⊖]

⊖　德鲁克. 管理的实践：中英文双语珍藏版 [M]. 齐若兰，译. 北京：机械工业出版社，2009：10.

创造巅峰绩效的最佳管理实践

通过宣称巅峰绩效作为目标，而不是追求快乐和满意度，等于宣称要超越以人际关系为重心的做法。当我们强调人的组织时，等于声称我们必须超越传统的科学管理。㊀

没有任何组织能够依靠天才，天才总是稀缺的，而且不可靠。考验一个组织就是要看它如何使平凡人产生比他能力更佳的绩效。真正考验组织的是绩效精神。㊁

——彼得·德鲁克《管理：使命、责任、实践（实践篇）》

德鲁克在《管理：使命、责任、实践（实践篇）》第 36 章"绩效精神"中提到，在人力组织中，绩效精神意味着它产出的"能量"（energy）要大于投入的全部努力，这无法靠机械手段来实现。机械装置只能保存能量，而不能创造能量。只有在道德领域（moral sphere），才能使输出大于输入，从而创造能量。

道德并不意味着说教。无论人们如何理解道德的含义，道德都必须是行动的原则。道德必须付诸实践，尤其是如下 4 点必须认真对待。

第一，组织必须聚焦于绩效。组织精神中的首要要求就是高绩效标准，无论是对团队，还是对个人，都是如此。组织就其本身而言必须反复培养"注重成就"的习惯。

第二，组织必须聚焦于机会，而不是问题。

㊀ 德鲁克.管理的实践：中英文双语珍藏版 [M].齐若兰，译.北京：机械工业出版社，2009：212.

㊁ 德鲁克.管理：使命、责任、实践 实践篇 [M].陈驯，译.北京：机械工业出版社，2019：94.

第三，直接影响到"人"的各项决策：员工的任用、薪资、晋升、降职与离职等，都必须体现出组织的价值观与信仰。

第四，在人事决策方面，管理层必须表明：正直（integrity）是管理者的绝对必要条件，是管理者的基本品行，而不是期望一个人成为管理者后再养成它。管理层还必须展示出组织本身具有同样的正直品格。[⊖]

按照德鲁克的意思，绩效精神意味着创造能量。创造能量只有在道德范围内，才具有可能性，道德又必须付诸实践。以上付诸实践的 4 个重点，即是本书开篇和其他章节反复提及的德鲁克"绩效精神"的 4 条实践指引，也是本书的思想和理论基础。创造巅峰绩效秉承高标准的绩效精神，我主张并推动其成为个人和组织的一种追求成就的习惯。经济绩效因管理而得，我在 3W 管理要素和图 2-2 所示公式的基础上创建了DAME 模型如图 2-3 所示，给创造巅峰绩效管理实践提供行之有效的逻辑和路径及方法工具，旨在成为创造巅峰绩效的最佳管理实践。

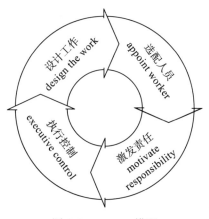

图 2-3　DAME 模型

⊖　德鲁克 . 管理：使命、责任、实践　实践篇 [M]. 陈驯，译 . 北京：机械工业出版社，2019：95.

"设计工作"（design the work）属于图 2-2 中的 3W 管理要素的"工作"，创造巅峰绩效从设计工作开始，然后"选配人员"（appoint worker）去实施工作，"选配人员"属于 3W 管理要素的"工作者"；"激发责任"（motivate responsibility）和"执行控制"（executive control）属于 3W 管理要素的"从事工作"，激发人创造巅峰绩效。

进入创造巅峰绩效管理实践之前，我们先来预评一下，以便清晰地知道该从哪里开始，还需要完善些什么。预评表，见表 2-1。

我建议事先思考并将相关内容写入表 2-1 中，然后再阅读下文。阅读完第 3 ～ 6 章全部内容后，可以再次思考并在表 2-1 中写出相关内容，依此作为行动学习计划。

表 2-1　创造巅峰绩效管理实践预评表

任务类别	该从哪里开始	还需要完善些什么
设计工作		
选配人员		
激发责任		
执行控制		

TOWARD PEAK
PERFORMANCE

第 3 章

设 计 工 作

工作为绩效目标服务

目标是工作及其分配（assignment）的基础。[⊖]

——彼得·德鲁克《管理：使命、责任、实践（使命篇）》

目标也是衡量绩效的基础，绩效是设定目标并达成目标的能力。巅峰绩效就是我们需要设定的目标，3W 是实现巅峰绩效的关键管理要素。"设计工作"是排在第一的要素，目标是设计工作的基础，正如德鲁克所说，企业绩效要求的是每一项工作都必须以达到企业整体目标为目标。[⊜]我在图 2-2 和图 2-3 的基础上整合出图 3-1，将创造巅峰绩效的管理实践

⊖ 德鲁克.管理：使命、责任、实践 使命篇 [M].陈驯，译.北京：机械工业出版社，2019：124.

⊜ 德鲁克.管理的实践：中英文双语珍藏版 [M].齐若兰，译.北京：机械工业出版社，2009：89.

模型完整化，再次强调管理实践围绕业务逻辑，以终为始，将巅峰绩效目标转化为经济成果。

为方便记忆和辨识，创建巅峰绩效管理实践模型可取每个模块的英文首字母，简称为"A-DAME"。

图 3-1　A-DAME 模型

我建议大家思考并回答这个问题：是工作优先？还是目标优先？对这个看似简单的问题，人们经常言行不一致：回答的是目标优先，行动中却时常会聚焦工作本身。工作优先、陷入工作本身，很有可能会造成"好心干坏事"，形成"本位主义"。

据百度资料，任正非在伦敦财务风险控制中心（FRCC）听取贸易合规和金融合规汇报会时讲道："华为通过在伦敦建立财务风险控制中心，经过近4年的努力，已能管理近180个国家、145种货币、5万多亿元人民币的结算风险。但要看到：凌驾于业务之上，不服务于'多产粮食'的风险控制，是危险的。本位主义有可能为了严格控制风险，让庄稼地里寸草不生！"

任正非给予提示：绝不允许为了风控，为了个人业绩，把业务逼上梁山。金融合规的目标也是"多产粮食"，而不是影响或阻碍"粮食"的生产。在法律上有风险的，不能一概说不，而是要找到合规的解决方案，指导一线如何合规地把业务做成，最终目标还是要紧紧锁在"多产粮食"上。台风来了，不是放弃水稻，而是要把水稻扶起来，这样虽然会减产，但还会有粮食。在必要时，你们要背上背包，拿上铁锹，奔赴一线，与业务部门一同在一线解决问题。

在组织中要"共识目标"[⊖]，是德鲁克论管理的 7 个原理之一。目标管理是德鲁克最伟大的原创和贡献之一，后文"万变不离其宗的管理系统"中将简述之，更多关于目标的论述，将在第 6 章的"设定并聚焦重点目标"中进行。

如果目标仅仅是美好的意图，那么它是没有价值的。目标必须付诸实践，转化成工作。工作总是具体的、清晰的、明确的，工作总有最后期限、特定任务及责任方。

工作为绩效目标服务，从设计工作开始，设计工作将目标明确为具体的、可操作性的工作。有关实践转化为绩效成果的内容在第 6 章详细说明。

万变不离其宗的管理系统

人无法主宰环境，总是受到各种可能的钳制，但管理层的特殊任务

⊖ 德鲁克.德鲁克管理思想精要 [M].李维安，王世权，刘金岩，译.北京：机械工业出版社，2009：8.

就是让企业的希望先成为可能，然后再设法具体实现。只有当管理者能有意识地、有方向的行动、一定程度地去主宰、改变经济环境时，才能算是真正的管理。因此企业管理也就是目标管理。[⊖]

　　　　　　　　——彼得·德鲁克《管理的实践（中英文双语珍藏版）》

　　通过目标与自我控制管理被德鲁克称为"管理哲学"[⊖]，目标管理的价值意义非常大。KPI（关键绩效指标）、BSC（平衡计分卡）、OKR（目标与关键成果）等方法都源自德鲁克的目标管理。

　　管理形式和工具的变化，都不能脱离本质。换句话说，管理层要找到万变不离其宗的东西，从而创建自己所在企业的管理系统。"通过目标与自我控制管理"，就是万变不离其宗的管理系统。创造巅峰绩效的管理实践也完全符合这个管理系统。

　　"简单有效"是小年派的核心价值主张之一。下面展示的是自控系统，如图3-2所示，用以类比小年派倡导的简效管理系统，它基本能表明"通过目标与自我控制管理"的哲学精髓。

　　下面的例子能让大家了解这个系统原本的功效：

　　假设某个办公场景通过空调来调节室温，"给定值"设定为26℃，然后"控制器"把信号指令发给"执行器"，伺服电机和制冷装置启动，"测量元件"进入工作状态测量温度，达到26℃时通过"传感器"把信息反馈给"控制器"，"控制器"发布信号指令给"执行器"，停止工作。

　　⊖　德鲁克.管理的实践：中英文双语珍藏版[M].齐若兰，译.北京：机械工业出版社，2009：9.

　　⊖　德鲁克.管理的实践：中英文双语珍藏版[M].齐若兰，译.北京：机械工业出版社，2009：100.

过一会"测量元件"监测到温度高于 26℃了，"传感器"反馈信号给"控制器"，伺服电机和制冷装置启动。然后周而复始，这个系统就是这样自运行的。

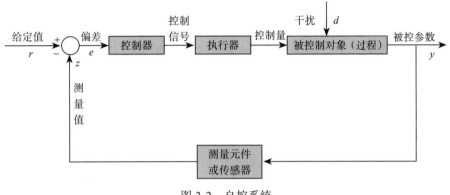

图 3-2　自控系统

如果我们的管理也能做到这样的自运行，那就太完美了。德鲁克提出的"通过目标和自我控制管理"的管理哲学，应该也是希望管理能达到这种理想的状态。在管理场景中，我们参考一下，就能更好地理解和实践这一管理哲学了。

"给定值"就是管理设定的"目标"，最终要通过整个管理系统将"目标"转化为"绩效"。

那么"控制器"是什么呢？"控制器"首先是"经理人"，但又不只是经理人，否则可能曲解了德鲁克的管理哲学；这个"控制器"可以说是"绩效的主人"，组织中对目标负责的人都是实现自身绩效的"控制器"。

"执行器"不能从字面理解，不能简单地把它比作干活的人。如果是自动化设备，这个"执行器"表面上看就是"执行机构"在干活。它是怎么干活的？它有工作机理，有写入的程序，按照程序去干。在管理场景中，是人在执行，必须遵循一定的逻辑和流程，按照一定的计划和作业方法，"执行器"就像这些。这很有现实意义，我们如何实现"让平凡的人干出不平凡的事"的组织目的？如何实现"让工作有成效"的管理任务？我想各位经理人应该明白了，动手规划起来吧。后文的构建 GPS 作战地图和制订有效的工作计划，都是在实践、规划"执行器"的执行内容。

注意：这里的"被控制对象"，我们千万不要把它理解成"人"，否则就违背了在第 1 章讲到的，"管理不是管理人，而是领导人"的新假设。"被控制对象"我们可以看作"绩效"或"过程绩效"，控制的是这个"绩效"或"过程绩效"有没有与给定值（目标）一致。

在管理实践过程中，"测量元件"要发挥作用，就像"检查"和"衡量"，过程检查、绩效考核都是具体的实践。这里要特别提醒一下，到底要不要设定 KPI？KPI 是必须的，但 KPI 设定得是否恰当，请看第 6 章中"设定并聚焦重点目标"一节的内容。

"测量元件"把结果通过"传感器"反馈给"控制器"（绩的主人），"传感器"重要的功能就是信息反馈。信息反馈在组织中有很多的形式，如会议、邮件、一对一沟通、IT 系统报送等。

让工作有成效的误区和法则

让工作有成效既是德鲁克管理的三大任务之一，又是设计工作的目的，更是创造巅峰绩效需要达成的结果。

让工作有成效，在企业管理实践中存在两个误区：

1. 对人才的依赖

我接触的很多企业都抱怨"没有人才",或者说很多企业对人才有依赖,认为业绩不好就是因为没有人才。组织存在的目的是让平凡的人干出不平凡的事,依赖的并不是人才,而是很多平凡的人。德鲁克说:普通人可以通过练习来获取胜任某项工作所具备的特有能力。当然,若要把某项能力练好不是轻而易举的。但卓有成效这一特性所要求的只是能够胜任,只是能演奏出"音阶"来。[⊖]通俗地说,企业是通过很多普通人实现绩效的,不能太依赖人才。

2. 对方法的忽视

普通人通过练习即可胜任工作、实现卓有成效。按照什么方法练习呢?探寻这个问题的答案,正好暴露了企业中存在的第二个误区:对方法的忽视。定个目标就想要结果,还美其名曰:以结果为导向,这是一种误区。从目标到绩效,还有一个重要的环节,那就是要把目标转化为工作,实现绩效还需要工作方法和措施。大部分人有过这样的经历:游泳教练告知方法,并指导反复练习,就学会了游泳;买个家具回家,照着安装说明书就可以拼装成成品;有了标准作业程序,就可以开展相对应的工作。对工作方法的忽视是无法让工作有成效的主要原因之一。

解决第二个误区,也就能化解第一个误区。

让工作有成效,可以遵循两个核心法则:

⊖ 德鲁克.德鲁克管理思想精要 [M].李维安,王世权,刘金岩,译.北京:机械工业出版社,2009:170.

1. 简效法则

　　摆脱对人才的依赖，实现让平凡的人干出不平凡的事，有效的方法就是让工作简单、易操作，设计工作要符合简效法则（简单有效法则）。如此，工作将更适合人，利于让工作有成效、让工作者有成就。

　　德鲁克年轻时，在伦敦一家商业银行做经济分析员，兼任老板弗利博格的秘书。聪明机灵的德鲁克对老板交代的所有棘手的工作总能应付自如，但唯独对于辅导一位名叫路易斯的记账员，可谓费尽心力却收效甚微。"你根本就是无药可救的笨蛋！"每次审查完路易斯做的报表，德鲁克总是忍不住破口大骂。

　　一次，德鲁克制订出一份详细的计划书，建议老板购买一家营运不善的公司的股权，然后进行重组。老板粗略地看完后，说："做得好。不过在正式实施前，你不妨把路易斯找来，看他觉得你的计划怎么样。"德鲁克不可思议地望着老板："可是路易斯连账都做不好，这计划他又怎么看得懂？"

　　老板笑着说："没错。如果连他都能看懂你的计划，就说明它已具备可操作性，可以实施了。如果他不明白你的计划，那么在执行前必须再做修改。"看着摸不着头脑的德鲁克，老板解释说："如果他不明白，这个计划恐怕就太复杂了，从而无法实施。**计划要成功，就得遵循简效法则，也就是我们每做一件事，都得先考虑普通人**的理解力——因为所有事情到最后总得要由一些普通人来完成。"

　　德鲁克听从了老板的意见。他主动找到路易斯，并对计划书中20多处深奥费解的表述做了修改，之后才又把计划书交给老板审阅。"这是我读过的最成功的计划书！"老板看完夸赞道。果然，按照计划书实施的重组，取得了圆满成功。

2. 参与法则

企业经营的是顾客和知识。知识资源的价值需要靠人去整合和实现。换句话说，企业经营的是顾客和员工，他们参与得越多，企业越能获得成功。

小米公司倡导人人都是产品经理，建立小米社区，让人人都有参与感，商业成果显著，是经营顾客的典范企业。当小米开发产品时，数十万名消费者热情地出谋划策；当小米新品上线时，在几分钟内，数百万名消费者涌入网站参与抢购，数亿元销售额瞬间达成；当小米要推广产品时，上千万名消费者兴奋地奔走相告；当小米产品售出后，几千万名消费者又积极地参与产品的口碑传播和每周更新完善。

对员工而言，参与得越多、责任感就越强。只有参与，员工才会产生主人翁意识，也才会主动负责。我在"万变不离其宗的管理系统"中已经说明，组织中人人都是"绩效的主人"。员工不是听候命令的机器，他们需要主动思考。参与法则强调从设计工作之初就让员工参与其中，无论其是管理者还是普通的执行者。

德鲁克式 AICT 方法

促使工作具有生产力要求四个独立的步骤：分析、综合、控制、提供适当的工具。㊀

——彼得·德鲁克《管理：使命、责任、实践（使命篇）》

㊀ 德鲁克.管理：使命、责任、实践 使命篇 [M].陈驯，译.北京：机械工业出版社，2019：252.

我将促使工作具有生产力的四个步骤定义为"德鲁克式 AICT 方法"：分析（analysis）、综合（integration）、控制（control）、提供工具（tools），每类活动都有自己的特点和要求：

第一，分析。我们必须了解工作所需的各项特定的操作与作业，以及次序和要求。

第二，综合。必须把各项操作综合成一个生产流程。

第三，控制。必须在生产流程中建立起方向、数量、质量、标准和例外情况的控制。

第四，提供工具。必须提供合适的工具。

为了让工作有成效，必须从"最终的产品"，即从工作的输出着手，而不能从输入着手。无论手艺、技能，还是学习其他知识，都应如此。技能、信息和知识都是工具，而应用什么工具、什么时候用以及为什么用，则始终必须由最终的产品来决定。最终的产品决定了什么工作是必须的，决定了生产流程的整合、适当的控制设计以及所需的工具规格。德鲁克的原文用"最终的产品"(the end product)，对此我用"过程的结果"注解，可能更好理解一点，毕竟很多知识工作者交付的不是产品，而是一种过程的结果或者过程的产物。

这个德鲁克式 AICT 方法的第一项活动，就是科学管理之父泰勒的科学管理强调的工作分析，主要包括以下四点内容：

（1）识别生产一种已知的最终的产品，做好一项已知的工作所必需的全部操作。

（2）对各项操作的次序进行合理的组织，以便使工作流程尽可能最容易、最流畅、最经济。

（3）对每项操作及其再设计进行分析，以便最有效地完成每项操作，包括提供恰当的工具、所需的信息并在需要的时间和地点提供合适的材料。

（4）把这些操作整合成不同的作业（individual jobs）。

德鲁克并不是"管理"的发明者，但他将管理作为一个整体研究，强调系统性，是"现代管理"这个学科公认的奠基人，被誉为现代管理学之父。根据我对德鲁克的研究和理解，促使工作具有生产力的"德鲁克式 AICT 方法"本身没有什么特别的，它的基础还是泰勒的科学管理法，但弥补了一些不足，也表明了一些不同的管理风格和价值导向。

我曾经作为原北京彼得·德鲁克管理研修学院（现北京光华博雅管理研修学院）的讲师在一家企业讲课时，多次提到泰勒。后来，客户反馈："我们要听德鲁克，老师不应该多次提及别的大师。"收到反馈后，我的第一感受就是欲哭无泪，第二感受就是没能让客户感知对比的价值很遗憾：不提泰勒，怎么体现德鲁克在"让工作有成效"上的洞见；不提别的大师，怎么能体现德鲁克这一"大师的大师"的正确而不同之处。

当然，那只是题外话，还是让我们来看看德鲁克式 AICT 方法的不同洞见。

第一，**必须是目标导向而非任务导向的**。德鲁克式 AICT 方法强调工作分析不是从识别各项操作开始的，而是从界定所需要的最终的产品（过程的结果）开始的。换句话说，必须以终为始，坚持目标导向而非任务导向。泰勒可能是受当时情境的局限，总是认为最终的产品是不言自明的，他特别注重个人任务而不是综合结果。

对知识工作者而言，在目标导向下规划工作极其重要，工作是由目标决定的。

第二，**必须坚持参与原则**。在泰勒所处的那个年代，规划和执行工作的人是分离的，德鲁克主张执行的人要参与工作规划：行动方案应由规划的执行者来制定。每个参与规划实施的人都应获得参与规划的机会。这似乎会降低制定规划的效率，但这样做的话，规划一旦生成，就会得到所有人的理解。让更多的人对规划有所期待，甘愿投身于规划，并随时准备去实施规划。[⊖]

第三，**各项操作应被综合为一项工作**。泰勒的科学管理原则分析工作，将每个作业都分解、细化研究，局部效率提升确实有益于整体效率，如果用自动化设备去实现，那就是合理的。但如果每个细小的作业动作都由不同的人去执行，就存在问题。这是把人当成工具了，忽略了人的主观能动性、分析和判断的能力。装配线就是一个例子，德鲁克对其是持批评态度的："装配线是无效率的设计。"[⊖]取代汽车装配线工人的工作方式，或许最好的例子是外科医生的工作模式：

> 外科医生的工作基本上详细分为许多细微的局部动作。年轻的外科医生要花好几个月的时间来练习如何在有限的空间内将缝线打结、改变拿手术器械的方式和缝合伤口。他们不断努力改进每个动作，加快不到一秒也好。外科医生通过改进个别、局部的动作，来提升手术的整体速度。他们严谨地依照预先规定的顺序做这些动作。事实上，手术小组的每一个人，不管是外科医生、助手或麻醉师、护士，都经过无数次的练习，因此都很清楚下一步该怎么做。外科手术实际上应用了科学管理的

⊖ 德鲁克，赫塞尔本，库尔. 德鲁克经典五问 [M]，鲍栋，刘寅龙，译，机械工业出版社，2016：86.

⊖ 德鲁克. 管理的实践：中英文双语珍藏版 [M]. 齐若兰，译. 北京：机械工业出版社，2009：214.

原则，尽管医生不一定了解这一点，但是出于必要性，外科手术其实是经过整合的工作。当外科医生要为病人割除扁桃体的时候，并不是由一位医生拿钳子夹住血管，另外一位医生划下第一刀，第三位医生切除左扁桃体，依次类推，直到最后一位医生把止血钳拿掉，而是由一位医生从头到尾负责整个手术。⊖

外科手术就是按照泰勒科学管理原则进行了工作分析，但并不是按照装配线的方式开展工作的，而是被综合成一项工作。但像麻醉这种对专业性要求高的工作，还是要由不同的专业人士去完成。这在现实中，有很高的参考和应用价值。

例如，关于"客户开发"可以按照德鲁克式 AICT 方法去规划，工作分析后整合成一定的流程，但并不是由多人共同完成的，而是由一个人完成的——就像外科手术一样，由一位医生从头到尾负责。但在技术和交付都相对复杂且有较高专业性要求的项目上，就会由多人共同完成客户开发，如华为的"铁三角"(由客户经理、产品经理和交付经理组成)。

第四，**工作分析只是让工作有成效的第一步**。虽然工作分析是很重要的一步，但只是"工作"的范畴，创造巅峰绩效还需要选配人员并激发人从事工作，让人有成就。

按图索骥抵达巅峰绩效终点

至此，我们应该实践了：设计工作到底如何进行，才能让工作有成

⊖ 德鲁克.管理的实践：中英文双语珍藏版 [M].齐若兰，译.北京：机械工业出版社，2009：216.

效成为可能。我开发了一个系统性工具："GPS作战地图"，经多年的教学、咨询顾问服务实践验证，效果良好。"GPS作战地图"主要基于德鲁克式AICT方法，同时借鉴了"GPS"和"作战地图"本来的含义。让工作有成效就是要在导航的指引下，按图索骥抵达巅峰绩效终点。

不过"GPS作战地图"中的"GPS"不是全球定位系统的意思，而是如下意思。

G-goal：目的目标。

P-path：实现目标的关键路径。

S-solution：达成目标的解决方案。

G：目的目标，先明确目标，因为工作必须为目标服务。

P：实现目标的路径，由若干关键的"里程碑"组成。例如，"提高销售收入"和"控制成本"就是"提高利润"这一目的目标的两大"里程碑"。

S：达成目标的解决方案，针对关键路径中的每个"里程碑"都有具体的工作任务、作业措施、资源工具等组成解决方案，并对照每个里程碑的成果标准，步步为营、继而实现最终的目标。

"GPS作战地图"是一套系统工具，能有效实现让工作有成效，按图索骥就能抵达巅峰绩效终点。下面看一个真实的故事，加深大家对"德鲁克式AICT方法"和"GPS作战地图"的理解。

1984年，日本选手山田本一出人意料地夺得了东京国际马拉松邀请赛冠军。面对他取得的惊人成绩，人们纷纷提出了质疑。一位记者还专门采访了山田本一，问他是怎样取得这么好的成绩的。山田本一回答："凭智慧战胜对手。"许多人认为这个偶然跑到前面的矮个子选手是在故弄玄虚。

1986 年，山田本一又获得了意大利国际马拉松邀请赛的世界冠军，记者又问起同样的问题，他的回答仍是："用智慧战胜对手。"因为山田本一不善言谈，记者也就没再追问。

山田本一在退役后给出了"凭智慧战胜对手"的具体解释："每次比赛之前，我都要乘车把比赛的线路仔细地看一遍，并把沿途比较醒目的标志画下来，如第一个标志是银行，第二个标志是一棵大树，第三个标志是一座红房子……这样一直画到赛程的终点。比赛开始后，我就奋力向第一个目标冲去。等到达第一个目标后，我又以同样的速度向第二个目标冲去。40 多公里的赛程，就被我分解成这么几个小目标轻松地跑完了。起初，我并不懂"里程碑"的道理，把目标定在 40 多公里外终点线上的那面旗帜上，结果我跑到十几公里时就疲惫不堪了，我被前面那段遥远的路程给吓倒了。"

山田本一所说的每个小目标，其实就是图 3-3 中通向终点的关键路径中的每一个里程碑，按图索骥就能抵达巅峰绩效终点。

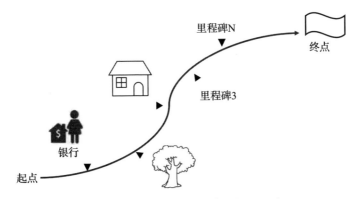

图 3-3　通向终点的关键路径的里程碑

设计工作要完成"GPS 作战地图"创建框架表中的主要内容，见表 3-1。

表 3-1 "GPS 作战地图"创建框架表

G	目的目标							
P	关键路径							
	成果标准							
S	工作任务							
	作业措施							
	资源工具							

设计工作首先要明确"G：目的目标"，如控制成本、提高销售收入、加强人才全生命周期管理、强化新品研发与管理等。注意，创造巅峰绩效要求所有工作都必须朝向经济绩效这个目标，也就是说所有的"目的目标"都必须是直接或间接朝向提升销售收入和利润这两大经济绩效的。如此，才能保证设计的工作是有效的。

接下来就是要明确关键路径和成果标准。关键路径由若干里程碑组成，每个里程碑都需要明确成果标准。里程碑和关键路径的明确，正是在实践"德鲁克式 AICT 方法"中的工作"分析"和"综合"。此项工作务必要遵循参与法则，采用共创方式：首先是穷举事项，让参与者充分发表，记录他们提及的各项工作，然后进行整合、删减、合并同类项、提炼为一个个"里程碑"，串起来就是关键路径。

我以一家企业"强化新品研发与管理"为例，关键路径见表 3-2。

表 3-2 关键路径

G	目的目标	强化新品研发与管理						
P	关键路径	产品构思	项目立项	产品开发	内部测试	商业试销	后期评估	产品发布
	成果标准	创意提交	立项成功	样品产出	测试通过	试销成功	决策投入	批量生产

　　经过共创，最终确定关键路径有 7 个里程碑，分别是产品构思、项目立项、产品开发、内部测试、商业试销、后期评估及产品发布，每个里程碑设定对应的成果标准。

　　达成共识、确定关键路径之后，再研讨明确路径中每个里程碑的工作任务、每个工作任务对应的主要作业措施，然后确定需要匹配哪些资源工具。

　　我以表 3-2 中的"产品构思"和"项目立项"两个里程碑为例，共创共识的对应工作任务分别是：

产品构思：

（1）新产品构思申报。

（2）新产品构思初选。

项目立项：

（1）前期市场评估。

（2）前期技术评估。

（3）前期财务分析。

（4）项目立项评审。

（5）研发方案规划。

　　表 3-1 中，我没有加入控制类别，实践中可以加入，对关键路径的每一个里程碑都可以设定控制类别。控制类别主要分三种：自我控制、部门控制及公司控制。不同控制类别是指此里程碑或此项工作任务，由谁检查判定或批准。自我控制就是当事人自己，部门及公司控制分别由对应级别的管理者负责。以"项目立项"为例，通常来说需要三种控制，因此其中的"项目立项评审"工作任务需要经过部门和公司检查和批准。

　　按照"参与法则"创建出来的 GPS 作战地图就符合简效法则，可以有效促进平凡的人干出不平凡的事，实现工作有成效。

　　关键路径有串行关系，如表 3-1 和表 3-2 所示，还有并行关系，如图 3-4 所示。

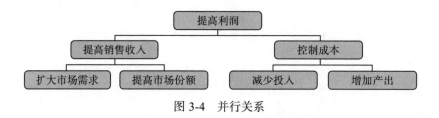

图 3-4　并行关系

　　G 和 P 是可以相互转化的。在图 3-4 中，提高销售收入是提高利润的 P，但又是扩大市场需求和提高市场份额的 G。再往下分解，还会有转化，但最终要转化为具体的工作任务和作业措施，并据此匹配资源工具。

　　S 解决方案部分，为后续制订工作计划奠定了基础。例如表 3-2，如果"产品研发与管理"是"项目立项"的里程碑，那么工作计划就比较容易制订，上文"项目立项"中的 5 项主要工作任务就是工作计划的重点工作事项。

　　GPS 作战地图是第 6 章"执行控制"的工作"蓝图"，是计划和行动的总纲领。围绕实现销售收入和利润两大经济绩效，每个直接或间接贡献的工作都值得构建 GPS 作战地图，按照表 3-1 的框架，如此就能实现让工作有成效、按图索骥抵达绩效终点。

TOWARD PEAK
PERFORMANCE

第 4 章

选 配 人 员

经理人的素质和绩效决定组织兴衰

> 在竞争激烈的经济体系中，企业能否成功、是否长存，完全要视管理者的素质与绩效而定，因为管理者的素质与绩效是企业唯一拥有的有效优势。[⊖]
>
> ——彼得·德鲁克《管理的实践（中英文双语珍藏版）》

组织的绩效不好，主要责任人是经理人，而不是普通员工。经理人的素质高低和绩效好坏决定组织的兴衰。

何谓"经理人"？"经理人"是耳熟能详的词和称谓，但真要给它下个定义，恐怕不是那么容易。对其，每个人都有自己的理解，很难有统

⊖　德鲁克.管理的实践：中英文双语珍藏版 [M].齐若兰，译.北京：机械工业出版社，2009：2.

一的定义，那还有必要定义吗？有必要！在组织内，如果大家认知不统一，就很可能会造成"沟通成本"加大，导致"内耗"。另外，好的定义本身也能给经理人的管理工作提供恰当的指引。

德鲁克给管理者下了一个定义：在现代组织当中的每一位知识工作者都是管理者，前提是他由于担任职务或拥有知识，需要承担做出贡献的责任，从而实质性影响所在组织取得绩效和成果的能力。⊖注意，德鲁克此处说的"管理者"（executive）而不是经理人（manager），前者包含后者。

基于我对德鲁克管理思想的研究和本土化管理实践经验，我给"经理人"（manager）下了个定义，或者说我倡导组织中的人们能有一个共识：**经理人就是以市场为驱动，以客户为中心，整合和运用资源（知识和人、财、物），为企业整体绩效和成果负责的人。**

为企业整体绩效和成果负责。经理人所有的目标和工作都应该朝向企业的整体绩效目标，如此就会最大限度地降低"本位主义"，如此就会减少或减弱"部门墙"，如此才会有真正的协作。为成果负责，强调的是在目标导向思维下，基于成果做管理。

整合和运用资源是达成整体绩效和成果的**手段**，经理人整合和运用的资源不限于常规的人、财、物，还有一项重要的资源——知识。人、财、物是有限的，知识的力量是无限的。强调知识资源，有利于经理人突破传统资源的局限，真正实践目标导向的思维模式。

一位经理人在听完我的课程后深有感触，贡献了自己真实的案例，说明了如何突破传统资源的短视和思维的局限。他所在的企业，设计部门经常抱怨工作都是非标化的、设计图纸交期来不及、使用的是传统的

⊖　德鲁克.卓有成效的管理者：55周年新译本[M].辛弘，译.北京：机械工业出版社，2022：20.

计算机辅助设计。他是从企业外部空降过来的，来的时候就带着要解决这个问题、要开发一款三维设计软件的使命。但一直以来阻力重重，其他人的理由很充分：交期都来不及了，哪还有时间再去开发什么三维软件，关键是不知道能否成功？他被逼无奈，只能从别的部门抽调人组成一个精锐的小团队，用了 8 个月时间，干成了。原来所谓的非标设计变成了标准设计；原来一个很简单的图纸至少要花 30 分钟，甚至 3 小时，现在只要把几个关键数据输入，3 秒就能出图。

以市场为驱动，以客户为中心，旨在提醒和"拉动"经理人要用外部视角做管理工作。"客户"通常是指已经与企业有合作关系的组织和个人，但如果这样定义客户，那么"以客户为中心"也会容易导致"近视"，因为市场中还有大量的"非客户"，他们也在目标市场范围里。"非客户"是企业业务拓展的重要源泉。所以，"**以市场为驱动，以客户为中心**"的说法更严谨和全面。

经理人必须为绩效做出 3 大贡献

"贡献"的含义可能大不相同。然而，所有的组织都需要在三个重要方面取得绩效：①直接成果；②确立并不断强化价值；③培育和开发将来需要的人才。组织在其中任何一个方面缺少绩效，都会走向衰落，最后灭亡。因此，这三个方面都必须纳入每位管理者的贡献当中。[⊖]

——彼得·德鲁克《卓有成效的管理者（55 周年新译本）》

⊖　德鲁克.卓有成效的管理者：55 周年新译本 [M].辛弘，译.北京：机械工业出版社，2022：74.

德鲁克指出：管理者失败的最常见的原因，是不能或者不愿按照新职位的要求做出改变。⊖简而言之，就是没有"贡献思维"，依然用老一套，没有为需要的成果做出新的贡献，是注定要失败的。

下文案例中的情境或许在一些人或其身边的经理人身上发生过。

案例 1：我有一个客户从国内某知名企业聘请来一位培训经理人任企业大学校长，但他没有干满 3 个月，在试用期内就被辞退了。具体原因不详，但从那位校长的一些表述中可窥见一斑。"现在的企业大学，跟我原来单位的比，根本就不能叫企业大学，连个培训部都算不上……"现在不正是需要他发挥价值、立足当下去完善或者改善吗？两个不同的企业，很多条件都不一样，他还停留在过往，或者说过往的经验中，这是失败的主要原因。

案例 2：我辅导的另外一家企业，技术副总是企业从某国企高薪聘请来的。那位技术副总不自觉地说："原来单位设备好，现在单位的设备条件有局限性……"可想而知，企业的负责人和其他同事怎么看。他们冲突不断，差点儿解除雇用关系。后来，在我的培训和辅导下，那位技术副总转变了思维，发生了很大的积极变化，成效明显，个人和企业都很满意。

职位发生变化了，工作场景发生变化了，需求也是有变化的，如果还停留在之前的经验和情境中，势必会造成组织和经理人之间的冲突，引起组织对经理人的表现和绩效不满，导致经理人在职场的"失败"。

经理人的 3 大核心贡献，正是基于德鲁克强调的三个方面的贡献：

⊖　德鲁克.卓有成效的管理者：55 周年新译本 [M].辛弘，译.北京：机械工业出版社，2022：77.

直接成果、建立价值主张并不断地重新确认和重申、确立并发展未来需要的人员。

直接成果。对企业而言，直接成果就是销售收入和利润。如果经理人自己都不清楚应有什么直接成果，那就别想有任何成果了。经理人必须为企业的整体绩效和成果做贡献。直接成果是最重要的。组织的生存需要直接成果，犹如人需要食物一样。

建立价值主张并不断地重新确认和重申。除了直接成果之外，一个组织还必须有价值承诺。这就像人体除了食物外，还少不了水等。一个组织必须有自己的主张，否则就难免混乱、解体。关于这一核心贡献，德鲁克的英文原文是"building of values and their reaffirmation"，我喜欢译成**"建立价值主张并不断地重新确认和重申"**。"value"这个单词，在这里直译就是"价值"，我喜欢译成"价值主张"，更方便理解。德鲁克早在 1954 年出版的《管理的实践》中就有经典之问：客户认知的价值是什么？对于客户认知的价值是什么，企业应该去聆听、调查和分析，并把它们提炼出来，然后选定价值承诺、宣传出去，这就建立了价值主张。客户认知的价值是会变化的，所以企业也需要不断地重新确认和重申价值主张。

价值主张是基于客户认知的价值，经理人必须去践行它，理由很简单：企业的成果源于客户。

例如，某企业的价值主张是提供高品质、高性能的产品，因此价格相对来说比市场上其他产品高一点儿。这就是一种价值主张。一旦企业确定了这样的价值主张，就等于锁定了那些追求高品质而对价格不那么敏感的客户群。如果销售经理人整天盯着低价竞品，就违背了企业的价值主张。

另外，把原文"value"译成"价值观"是错误的，因为一个组织的价值观一旦确定下来是不会轻易改变的。价值主张不同，必须根据市场和客户的变化而变化，所以需要不断地重新确认和重申。

确立并发展未来需要的人员。德鲁克的原文是用的"develop people"，翻译成"培养人""人才发展"或"人才开发"都不是很恰当，直译就应该是"发展人"。在组织当中有的是平凡的人（people），没有那么多所谓的"人才"。让平凡的人干出不平凡的事，正是德鲁克对组织的期望。

"培养人"是发展人的一部分。在现实中，很多企业不重视或没有发展人的行动，这可能是组织和经理人双方的原因。组织未必有机制，也未必有氛围。如果组织干过"过河拆桥"的事，那么就一定会给"发展人"这项任务造成障碍。经理人未必意识到发展人也是核心贡献之一。如果组织的机制到位，因经理人的"私心"等原因导致不发展人，就不应该让其做经理人。

经理人都是有"职业生命"的，但企业必须生生不息地发展，这就需要为未来确立及发展人。一切都在变，企业的人力资源必须更新，必须经常提高水准，才能满足未来的需要。

正直是对经理人的绝对要求

在任命管理者的时候，必须很清楚诚实正直的品格是对管理者的绝对要求，是管理者原本就需具备的特质，不能期待他升上管理职位后才开始培养这种特质。[⊖]

——彼得·德鲁克《管理的实践》

⊖ 德鲁克.管理的实践（中英文双语珍藏版）[M].齐若兰，译.北京：机械工业出版社，2009：108.

德鲁克强调"正直"（integrity）的重要性，正直对经理人尤其重要。德鲁克也说"正直可能很难定义" [⊖]，但从应用和实践的角度，最好能有一个清晰的关于正直的定义。因此，我给出德鲁克式正直的定义，分"诚实""职业操守"和"良知"3 个维度，共有 12 个要素，如图 4-1 所示。

图 4-1　德鲁克式正直的定义

"诚实"维度共有 3 个要素：

（1）言行一致。言行一致就是要信守诺言、说到做到，不口是心非。

（2）坦诚沟通。坚持"什么是对的"而非"谁对谁错"，如实反馈意见。以任务和成果为中心，而非以人和情感为中心，真实反馈问题，不

⊖　德鲁克 . 管理的实践：中英文双语珍藏版 [M]. 齐若兰，译 . 北京：机械工业出版社，
　　2009：116.

惧怕或躲避合理的冲突。以客户为中心，而非以自我为中心，以客户的诉求和问题为前提进行坦诚交流。

（3）勤奋。不能追求捷径，管理的运营功能就是要用付出去获取成果。要秉承成果需要付出的理念，不能有不劳而获的思想。

"职业操守"维度共有 5 个要素：

（1）高目标导向。管理企业就意味着通过目标导向进行管理。高标准的绩效精神是德鲁克一贯的主张，坚持高标准的目标导向也是创造巅峰绩效的第一要务。坚持高目标导向的经理人可以激发自我和团队潜能，可以促进团队做出更大的贡献，可以带领团队走向巅峰。

（2）看人之长。长处才能产生生产力和成果。正直的人更要看人之长，而非盯人之短。看人之长，也包括看己之长。

（3）问题到我为止。"问题到我为止"首先强调的是经理人的责任，当问题发生时，不要去指责别人。杜鲁门的名言"问题到我为止"，是对"领导"的最好解释之一。[⊖]

"问题到我为止"突出的是经理人解决问题的魄力和能力。经理人是整合和运用资源为企业整体绩效和成果负责的人，必须成为问题的终结者。

（4）发展人（包括自己）。经理人首先要意识到自我发展是一种责任，让自己变得更强大（拓展更宏大的视野、树立更远大的愿景、献身于事业和使命；持续不断地学习、提升能力，让工作更卓有成效、创造巅峰绩效），继而领导他人、发展他人。

（5）协同组织的价值观。人有选择的权利和自由，但一旦选择某个组织，就应该无条件地认同组织的核心价值观。经理人是组织核心价值

⊖ 德鲁克.管理未来 [M].李亚，邓宏图，王璐，等译.北京：机械工业出版社，2009：86.

观强有力的推动者和践行者，如果不认同不践行组织的核心价值观，那么组织核心价值观的负面作用远大于正面作用。

"良知"维度共有 4 个要素：

（1）不作恶。2500 年前希腊医师希波克拉底的誓言：绝不明知有害而为之。不作恶也成了谷歌的经营理念。不作恶涉及的是社会责任，企业的社会责任是靠经理人去履行的。企业和个人都在不同程度地对社会产生负面影响：消耗资源就是，产生一定的环境"污染"也是，对人的不恰当"管控"也是，等等。不作恶——绝不明知有害而为之，就是经理人的最低道义责任。

（2）敢于行动。管理就是要决策，管理就会面对各种不确定性。经理人追求按部就班是不行的，或者说贡献很少。经理人必须直面环境和现实的挑战，经过分析后敢于做决策和行动。

（3）知错能改。既然经理人时常面对不确定性，犯错就是难免的。一个从来不犯错的经理人大概率是在按部就班地做事，或者说不做事，否则怎么可能不犯错。犯错不可怕，知错不改才可怕。经过事实和结果反馈，经理人要坦然接纳"错误"，及时纠偏并进行优化。

（4）无条件担责。仅承担责任（responsibility）对经理人而言还不够，还要对自己的行为和结果无条件地担责（accountability）。

德鲁克在《管理的实践》第 7 章"企业的目标"中论述管理者开发方面的目标时指出：这方面的绩效和结果无法完全以数字来衡量，跟人有关，每个人都是独一无二的，我们需要建立定性的标准，需要的是判断（judgment）而非数据，评价（appraisal）而非衡量（measurement）。正直无法精准衡量，但可以判断和评价。在实际工作中，可以对经理人或拟提拔的候选经理人的正直程度进行评价，参照表 4-1。

我空下了"要素释义"栏，企业可结合前文关于各要素的说明，通过共创的方式明确具体的要素释义，以便组织内共识和共同遵照执行。

评价分值采用 10 分制，可以采取自评、他评相结合的方式。他评可采用上下级、横向合作者 360° 评价方式。

10 ～ 1 分分别对应：

10= 几乎总是、9= 频繁做到、8= 经常做到、7= 还算经常、6= 间或做到、5= 不定期、4= 偶尔、3= 很少、2= 极少、1= 几乎从不。

表 4-1　正直评价表

品格	要素维度	要素分解项目	要素释义	评价分值
正直 integrity	诚实	（1）言行一致		□10 □9 □8 □7 □6 □5 □4 □3 □2 □1
		（2）坦诚沟通		□10 □9 □8 □7 □6 □5 □4 □3 □2 □1
		（3）勤奋		□10 □9 □8 □7 □6 □5 □4 □3 □2 □1
	职业操守	（1）高目标导向		□10 □9 □8 □7 □6 □5 □4 □3 □2 □1
		（2）看人之长		□10 □9 □8 □7 □6 □5 □4 □3 □2 □1
		（3）问题到我为止		□10 □9 □8 □7 □6 □5 □4 □3 □2 □1
		（4）发展人（包括自己）		□10 □9 □8 □7 □6 □5 □4 □3 □2 □1
		（5）协同组织的价值观		□10 □9 □8 □7 □6 □5 □4 □3 □2 □1
	良知	（1）不作恶		□10 □9 □8 □7 □6 □5 □4 □3 □2 □1
		（2）敢于行动		□10 □9 □8 □7 □6 □5 □4 □3 □2 □1
		（3）知错能改		□10 □9 □8 □7 □6 □5 □4 □3 □2 □1
		（4）无条件担责		□10 □9 □8 □7 □6 □5 □4 □3 □2 □1

评价分多高才算好？管理问题不是数学，没有办法完全量化，分值自然是越高越好。当然，分数高低也是相比而言的，组织要任用正直品格分值高的人。但有些要素是一票否决的，请特别留意下文的"8 种人不应被提拔为经理人"。

8 种人不应被提拔为经理人

缺乏正直的品质所构成的严重性，致使某人不适合担任管理职务则不难界定。[⊖]

——彼得·德鲁克《管理的实践（中英文双语珍藏版）》

正直是任命经理人的绝对要求。换句话说，不正直的人就不能被提拔为经理人。但"不正直"不是指常规意义上的"不道德"，而是指缺乏正直这个品质会导致严重的不良影响。

本着经理人必须正直原则，本书强调 8 种人不应被提拔为经理人，涵盖德鲁克在《管理的实践》第 13 章"组织的精神"中提及的 5 种情况。

1. 不诚实的人

不诚实就不可能有"正直"可言，不诚实会影响别人对自己的信任。组织中如果没有了信任，是很难协同合作、创造巅峰绩效的。如果没有了组织以外的人士的信任，就会影响整个价值链的合作。特别是如果没有了客户的信任，就很难成功。

经理人尤其要注重"诚实"，这样才可能有领导力。第 1 章中已介绍：管理不是"管理"人，而是领导人。领导需要有人追随，一个不诚实的人，是不可能有人愿意追随的。

2. 总是看人之短的人

如果一个人的注意力只集中在他人的短处而不是长处上，这个人绝

⊖ 德鲁克.管理的实践：中英文双语珍藏版 [M].齐若兰，译.北京：机械工业出版社，2009：116.

不能担任管理职务。一个人总是看别人的缺点，而对别人的优点视而不见，将会破坏其所在企业的组织精神，因为这是很不好的价值导向。当然，一个经理人应该清楚地了解团队成员的短处，将其短处视作对他们所能做的事的局限，视作让他们把工作做得更好的一种挑战。经理人必须面对现实，并懂得如何帮助下属扬长避短。

3. 总是坚持"谁对谁错"而不是"什么是正确的"的人

如果一个人对"谁是正确的"这一问题比"什么是正确的"这一问题更感兴趣，这个人就不应被提拔。德鲁克认为：将个人的因素置于工作的要求之上是一种堕落的表现，并且起着腐蚀的作用。打听"谁是正确的"会鼓励下属谨小慎微，或是玩弄权术。[一]经理人不但自己要坚持而且要鼓励团队成员坚持"什么是正确的"，从追求工作效能的角度出发，去沟通和做贡献。

企业要特别注意，如果组织中有不恰当的强调"谁对谁错"的氛围，就会出现口上认同高级别的领导者，但心里还是会坚持自己对，行动也自然坚持自己对的做法。如此，"内耗"就成为必然。

4. 不但不发展人还打压比自己强的下属的人

经理人在管理功能、贡献和职权方面，对下属的发展都有责任和义务。如果经理人害怕下属比自己强，这是一种软弱的表现；如果不注重下属的发展，这是一种不道义的表现；如果打压比自己强的下属，这是一种不正直的表现。有这些表现的人就不应该提拔为经理人。

⊖ 德鲁克.管理的实践：中英文双语珍藏版 [M].齐若兰，译.北京：机械工业出版社，2009：116.

5. 一直低标准要求自己的工作的人

管理层绝不应该将对自己的工作没有高标准的人放到管理岗位上。一个经理人对自己的工作设定低标准，就会造成下属轻视工作，轻视经理人的能力，会降低整个团队的士气和绩效水平。

6. 重才智胜过正直的人

管理层不应该任命一个将才智看得比品德更重要的人，因为这是不成熟的表现。一个人可能知之不多，绩效不佳，缺乏判断能力和工作能力。即使如此，他作为经理人不会损害企业的利益，但是只要他缺乏正直的品质（无论知识多么渊博），就具有破坏作用。他会破坏企业中最有价值的资源——人力资源。他会破坏组织精神，损害企业的绩效。

7. 业绩一直不突出的人

管理层决定了企业的管理水平，决定了组织的绩效水准。经理人的绩效水准会直接影响团队的绩效水准，所以提拔经理人，应该从绩效突出的人中选。

8. 不认同组织价值观和价值主张的人

"统一价值观"[⊖]是德鲁克强调的 7 大管理原理之一，经理人的三大核心贡献之中就含有"建立价值主张并不断地重新确认和重申"。不认同组织价值观和价值主张的人，决不应该被提拔到管理岗位上。已经提拔

⊖ 德鲁克.德鲁克管理思想精要 [M].李维安，王世权，刘金岩，译.北京：机械工业出版社，2009：8.

的，应该立即撤换，并且请其离开组织。一个不认同组织价值观和价值主张的经理人，对组织精神和企业文化氛围的破坏是极大的，对企业的经营也会产生"负向"的力量，给所在的小团队造成"冲突"和不良影响。对企业高层经理人来说，尤其如此。因为组织精神是由最高管理层开创的。德鲁克说：如果一个企业有良好的风气，那是因为企业的最高管理层风气良好。如果一个企业腐败，那是因为企业的最高管理层腐败。常言道："上梁不正下梁歪。"在任命高层管理人员时，再怎么强调人的品德都不过分。事实上，除非管理层希望某个人的品质成为他的所有下属学习的典范，否则就不应该提拔这个人。[一]

人有好的品质才会树立起好的榜样，人们才会去仿效。经理人的品质不能精确定义，但与他一块工作的人，尤其是他的下属，经过几周就知道他是否具有正直的品质。按照德鲁克的说法：人们可以原谅一个人的许多东西：无能、无知、不可靠，或行为粗鲁，但不会原谅他的不正直。他们也不会原谅高层管理者，因为他们任命了这个经理人。

选配人员以绩效为主要客观标准

一个想要建立高度绩效精神的组织，必须辨识与"人"相关的决策，这是组织真正的控制。[二]

——彼得·德鲁克《管理：使命、责任、实践（实践篇）》

[一] 德鲁克.管理的实践：中英文双语珍藏版 [M].齐若兰，译.北京：机械工业出版社，2009：117.

[二] 德鲁克.管理：使命、责任、实践　实践篇 [M].陈驯，译.北京：机械工业出版社，2019：100.

组织有其特定的使命，对外需要满足特定客户群体的需求，对内需要满足组织特定的利益诉求。创造经济绩效是管理的首要功能，也是管理需要完成的特定使命之一。工作需要人去做，换句话说，绩效是人创造的。选配人员（特别说明一下：用"选配"主要包含两层含义：一是选择，二是匹配。人与工作的匹配是至关重要的。）必须以绩效为主要衡量标准，过去的绩效是准入的条件，未来的绩效是胜任的证明。

一个人过去的绩效只是必要条件，不能充分说明他在新职位上就一定能创造良好绩效，因此选配人员就变得很重要且面临挑战了。识人之术一直很受关注，但德鲁克说：世上没有绝对可靠的识人之术，至少在这个世界上没有。然而，还是有那么一些管理者郑重其事，并通过钻研精益求精。[一]德鲁克强调的人事决策的基本原则可以归纳为 5 个：

第一个原则：**选配某人担任某项工作却不能胜任，是"我"的错。**一个人被选配到一个岗位上却不能胜任工作，通常都认为是这个人的问题。但德鲁克的这条原则指引我们：不是他的错，是"我"的错。这里用第一人称"我"，是要警示经理人，不要首先把矛头指向他人，而是指向自己。"我"选配的人却不能胜任工作，是什么原因造成的？很有可能是"我"没有用人所长，或者不自觉地用人所短了，没能将人匹配在合适的岗位上。

一家科创公司的研发部经理离职后，总经理张三计划从内部提拔一位经理。有位名叫王五的技术主管（专家型，不带团队）业绩十分突出，多年来一直受到公司重用。张三总认为王五是该职位的最佳人选，因此他在没有征求其他人意见的情况下，直接让人力资源部发布了任命书。

〇　德鲁克.德鲁克论管理 [M].何缨，康至军，译.北京：机械工业出版社，2017：35.

到任后，王五经理觉得责任重大，技术进步日新月异，部门中又有许多技术问题没有解决，紧迫感十足，于是每天刻苦学习相关知识，钻研技术文件，加班加点解决技术问题。他心里想："自己能解决问题并向下属证明自己在技术方面的出色很重要。"王五经理非常出色地解决了部门的技术问题，但发现问题越来越多，自己越来越忙，下属似乎并不满意。他觉得很委屈。

虽然王五感觉在这个岗位有点儿不舒服，但他必须坚持下去：升职是公司对自己的一种奖励，如果退回原位就意味着受惩罚了。

总经理张三也发现了王五的表现不尽如人意。一个重要的研发项目处理不当，让总经理张三十分震怒，他认为王五不可原谅，最恰当的解决办法是解雇他。

千万不能有"我说你行你就行"的任性想法，工作是需要拿绩效说话的，不以人的意志为转移。选配不当，给个人和组织都会造成损失，如上述案例一样。

第二个原则：**让下属在岗位上表现优异是经理人的责任**。正如恺撒大帝时代的一句格言：战士应该有获得良好的指挥官的权利。为什么？经理人是有这种道义责任的，需要带领团队打胜仗。在战场上，不打胜仗，是要付出生命代价的。在人事决策的时候要很清楚：不是把一个人安排到那里去了，就和经理人没关系了；让下属在他的岗位上表现优异，是经理人的责任。这看似利他实则利己，因为没有下属的绩效，经理人的绩效无从可来。经理人是整合和运用资源为企业整体绩效和成果负责的人。

第三个原则：**经理人有责任换掉没有绩效的人员，但没有绩效并不**

意味着人不行，也不意味着应该解雇他。上面案例中的总经理张三准备解雇王五是不恰当的做法，用人不当的责任主要在他。王五绩效不好、不能胜任工作，撤换是必须的。撤换只是说明他不匹配岗位，不能说明他人不行，不能简单地解雇他，而是要为其匹配合适的职位。

第四个原则：**每个岗位，经理人都必须努力做好人事决策**。人事决策权影响组织的表现，但很多经理人没有人事决策权。

我曾经给一家外资保险公司上课，现场有不少二级机构经理人向我"吐槽"："目标要自己背，责任要自己承担，但自己负责的机构的人员任免、考核、升职加薪等权力都在上一级机构。"

既然经理人必须承担达到目标的责任，那就应该为其匹配相应的权力。经理人管辖范围内的人员决策是其需要享有的权利之一，而且是重要的权力。我特别希望高级别的经理人读到此处，能思考并行动起来，下放相应的权力给相应的经理人。

第五个原则：**最好将新手安排到明确的岗位上，使他明白组织对他的期望，也可以随时得到他人的帮助**。安排新手，必须要明确期望且获得当事人的理解，不能是单向的。同时，要给予新人支持，或者说要明确机制：让当事人在需要的时候能随时知道找谁寻求帮助。

关于人事决策具体如何实践落地，基于德鲁克的一些讲法，我归纳为简单有效的 6 个步骤。人事决策可按照这 6 个步骤进行实践。

（1）**分析工作任务**。做什么事是人的决策，但焦点不能在人身上，首先必须分析工作任务。在现实当中，人们通常拿着岗位职责说明书去招人。我不反对这种做法，但分析工作任务和按照岗位职责说明书招人，不是一回事。例如，同样是销售主管，岗位说明书可能没有什么不同，但当下的情境对销售主管这个职位的主要工作任务要求很可能不同，所以首先分析工作任务至关重要。岗位职责通常是相对宽泛的，职责可能 3～5 年都不变化，但是公司的战略可能每年都会调整。一旦战略调整，关键任务就会变化。所以，这个步骤希望能引起经理人的重视，做人事决策务必首先分析工作任务。

（2）**扩大考察人数**。你想选择一个人，至少要找 3～5 个候选人，在基本条件都满足的人当中，选定一个人。在现实当中，受情境的影响，经常出现"抓到碗里就是菜"的现象。我也会犯错，因为职业的原因，总觉得"人人是宝"，"看中"一个，就直接选定，结果不尽如人意。"人人是宝"本身没有问题，问题是工作任务需要什么样的人。我希望这个步骤能引起大家的注意。

另外，要注意选人要内外部结合，不能总想着找外部的"空降兵"，也不能总是在内部"近亲繁殖"，要对多个候选人进行对比分析、评价、预判，最终再选定。

（3）**确认过往绩效**。在职场中，评价人必须基于其在组织中的绩效，不管是组织内，还是组织外的候选人，都要关注其过往绩效。否则再好的行业经验、能力素质都是苍白的。如果是组织内的候选人，过往的绩效是比较好获取的；组织外的候选人，一般都是面试的时候通过听其口述或其他呈现方式获取的，先不要怀疑，等到第 5 步再验证。

（4）**了解优势所在**。你觉得他的绩效不错，这还不够。过往绩效是其准入的必要条件，绩效代表的是过去，并不能完全说明他适合当前的职位。所以，还必须关心和识别候选人的优势。除了提问，请对方回答以外，还需要通过关联其原来的工作来判断。关于用人所长，请参阅后文"用人的优势创造巅峰绩效"一节。

（5）**开展尽职调查**。找若干个与他共事过的人，向他们了解候选人的过往，包括优势、绩效等。如果是重要的岗位，此项工作是非常必要的，甚至要请专业的第三方机构助力。

（6）**要求工作报告**。在履新90天的时候，要让当事人出具一份工作设想报告。三个月到了，要问他："你现在知道如何胜任这个岗位了吗？"这个工作设想报告最好是在入职的时候就告诉他："到三个月的时候，你要写个报告。"报告里面主要涉及什么内容，都要交代清楚。还要告诉他：你以前的那些工作习惯、经验和能力都不再适用现在的工作了[⊖]。德鲁克的这句话是要启发人：在新的工作岗位上要思考和行动："我需要贡献些什么？"不能停留在过往的习惯、经验和能力上。

这6个步骤不难，但执行起来未必容易。我为了提示决策者更好地做出有效的人事决策，特制定人事决策检查评估提示卡（含示范内容），见表4-2。

检查评估内容，可根据上文所述及表4-2中的示范并结合企业实际，由管理层共创共识后确定。

表4-2　人事决策检查评估提示卡（含示范内容）

步骤	要素	检查评估内容
1	分析工作任务	有没有岗位说明书？ □有 □没有 有没有解读最新的公司战略？ □有 □没有 有没有重新分析明确工作任务？ □有 □没有 有没有确定工作任务的不同需求？ □有 □没有
2	扩大考察人数	有没有3～5个候选人？ □有 □没有 有没有内外部结合地选择候选人？ □有 □没有 有没有选择程序和标准？ □有 □没有
3	确认过往绩效	有没有调查候选人的过往绩效？ □有 □没有 候选人有没有同类工作的成功经验？ □有 □没有 候选人有没有同类工作的失败经验？ □有 □没有

⊖ 德鲁克. 德鲁克论管理 [M]. 何缨，康至军，译. 北京：机械工业出版社，2017：39.

（续）

步骤	要素	检查评估内容
4	了解优势所在	有没有调查候选人的优势是什么？ □有 □没有 有没有判定其优势与工作的匹配情况？ □有 □没有 候选人的优势有没有产生显著不同的贡献？ □有 □没有
5	开展尽职调查	有没有向与候选人共事过的人调查？ □有 □没有 有没有请第三方机构开展尽职调查？ □有 □没有
6	要求工作报告	有没有明确工作报告的内容和范式要求？ □有 □没有 有没有事先向履职对象提出明确要求？ □有 □没有 有没有对履职对象的工作报告进行评定？ □有 □没有

用人的优势创造巅峰绩效

> 管理者的任务是发挥个体的作用，大幅提高整体的绩效能力——无论这些个体的长处是什么，身体怎么样，抱负有多大。[一]
>
> ——彼得·德鲁克《卓有成效的管理者（55 周年新译本）》

用组织中每个人的优势去成倍提升组织的绩效能力。换言之，创造巅峰绩效必须运用人的优势，让人的优势富有成效。怎么做到"用人的优势"呢？我设计了一个流程图，如图 4-2 所示。

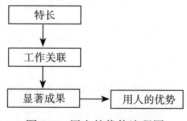

图 4-2　用人的优势流程图

○　德鲁克.卓有成效的管理者：55 周年新译本 [M].辛弘，译.北京：机械工业出版社，2022：121.

首先，要判这个人有无特长。人的特长通常是相对而言的，先识别它。例如，一个人酒量大，算不算是特长呢？一般意义上算，但这不是决定用此人的依据。

还要看这个特长与工作是否有关联。在很多工作上，喝酒会误事，但如果是大客户销售呢？在某些时候，酒量好的人做大客户销售可能有优势，但这还不能说明用此人就是对的。

最后还要看优势与工作关联，能否产生显著成果。如果酒量能助力此人轻松拿更多的订单（注意：是要比那些没有酒量的人能拿下更多的订单），就符合"用人的优势创造巅峰绩效"。

上面的流程图和解读都是对德鲁克以下这段话的应用：

"这个人在某个重要领域有长处吗？这个长处跟他要完成的任务相关吗？如果他在这个领域做得很出色，能产生重大成果吗？如果答案是肯定的，那就做出决策，任用此人。"[⊖]

管理层有责任对工作者进行组织，使之有成效地工作，让人有成就。"让平凡的人干出不平凡的事"应该是"组织"存在的目的，"让工作有成效"是实现这一目的的结果，扬人之长避人之短是实现这一目的的根本。用人的优势创造巅峰绩效，总体上要遵守德鲁克在《卓有成效的管理者》第 4 章"让长处富有成效"中提到的 4 条法则。

1. 职位设计要能让"常人"胜任

职位都是由人设计的，要时常警惕"无人胜任"的职位，也就是根本不适合常人担任的职位。经理人可以重新设计职位，因为组织面临的

⊖　德鲁克. 卓有成效的管理者：55 周年新译本 [M]. 辛弘，译. 北京：机械工业出版社，2022：109.

考验不是靠天才，而是要有能力让平凡的人做出不平凡的绩效。

如何判断是不是需要重新设计某个职位，有一个很简单的方法：任何一个职位，如果连续两三个人不合适，而他们都在之前的职位上干得非常好，那就要认为这是一个常人无法胜任的职位了，必须重新设计。

2. 职位设计得要有挑战性、职责范围要广一点

把职位设计得很小，像装配线，短期看很利于快速产生成果，但长远看不利于个人的发展。特别对于初入职场的人士来说，职责范围一定要广一点，这样更利于发现优势。职位设计得有挑战性，也更利于个人潜能的激发和释放。

小年派的职位设计就遵守这个原则，即便是开始员工不理解，我也会坚持，这是我的道义责任。初创公司的职位不宜分得太细。从"让工作有成效"出发，可以仔细分析工作、改善局部作业，但必须整合，尽可能由少量的人去完成。

3. 用人的出发点是一个人能做些什么，而不是局限于职位的要求是什么

职位设计要基于工作，或者说要因事（对应职位）设人。但从用人所长的角度，用人的出发点是考虑这个人能做些什么，而不是局限于某个职位的要求。基于能做什么，看众多职位，因人去匹配工作，找到这个人能做得好的职位。

大多数组织制定的考评方法像是医生对病人的评估。医生的目的是治病，重视病人的病，而不是病人哪里无恙。有效的考评必须是关注人能做什么，通过绩效检验。如果不能达成绩效，首先要思考的是人用对

地方了吗？若让其有成就，还需要帮其补充和学习什么。

4. 要想用人所长，就必须能容其所短

"雇用的是一个人，不仅是一双手。"一个人有所长，必然也有所短，在用人所长的同时，必须能容其所短。组织的目的正是让人能扬长避短、互为补充，共同创造巅峰绩效。

这就涉及"因事设人"还是"因人设事"的问题？我想答案是不言而喻的。工作和职位应该是客观的，职位应因任务定，而不应因人而定。但问题也会出在这里，一般情况都是先有某个职位，再物色人来担任该职位。德鲁克说：这样的操作通常会走入歧途，因为物色的对象往往只是一位"最不可能错配"的人选——也就是最无懈可击的人选，其结果必然是平庸之选。[⊖]

在现实中，候选人都会根据需要去"匹配"职位，也就是职位需要什么，候选人就展现其具备什么；人们有能力根据环境而变，但往往忽略自己真正的优势和应该关联的工作是什么。防止平庸最常见的解决方法就是"因人设事"，但是这个方法可能更糟糕。因为对那些规模小、事务简单的组织可能还行，但对绝大部分组织而言都是不恰当的，毕竟工作和职位是需要遵循客观原则的。

因人设事会造成一些问题：

其一，因人设事会因为职位的变更，造成连锁反应。组织的职位都是互相关联的，牵一发而动全身。

其二，因人设事变成以"人"为中心，而不是以"任务"为中心；

⊖　德鲁克.卓有成效的管理者：55周年新译本 [M].辛弘，译.北京：机械工业出版社，2022：97.

以"任务"为中心，组织就会容忍和包容人的脾气和个性，但以"人"为中心就会破坏这一原则，凸显"谁好谁坏""谁对谁错""喜欢谁不喜欢谁"的主观情绪和行为。

其三，因人设事不可避免地形成恩怨派系。人事决策必须公平公正，否则就会出现"劣币驱逐良币"的现象，这是组织不可承受的。

到底怎么办？德鲁克在其著作中提过这个话题，但我相信很多读过的人也是一头雾水：或许是因为翻译的问题，或许是因为德鲁克的表达方式与众不同，或许是因为个人的理解能力。

简单总结一下：因事设人是必须的，以工作为先。但用人所长必须因人配事，或者说把人配置到适合发挥他的优势的工作中去。选配人员的5个原则和6个步骤中有说明，工作任务是基础，但必须关注人的优势去匹配工作；前文提到的4条法则中的第3条法则也讲过：用人的出发点是一个人能做什么，而不是局限于职位的要求是什么。当然，不是说要去因人而改变职位设置，而是说不拘泥于某个特定的职位去匹配人。

因人设事，也存在少量的以人为中心去特别设置职位的现象。这个职位最好是参谋、顾问类，不要在正常的职位体系之列，否则会破坏组织的原则。

第 5 章

激 发 责 任

承担责任就是要贡献绩效

我们需要采取的做法是以追求绩效的内在自我动机，取代外部施加的恐惧。唯一有效的方法是加强员工的责任感，而非满意度。[⊖]

——彼得·德鲁克《管理的实践（中英文双语珍藏版）》

做员工满意度调查是很多企业常用的一种工作方式，用以体现以人为本，但满意并不是充分的工作动机，关键不在于员工满意不满意，而是员工必须要承担责任。

"员工必须要承担责任"这样的说法，可能会引起大家的"不适"，因此后文会说明"承担责任的 4 个必要条件"。承担责任是什么？通常大家对"承担责任"的认知不同，也存在一些误区，我归纳为承担责任的

⊖ 德鲁克. 管理的实践：中英文双语珍藏版 [M]. 齐若兰，译. 北京：机械工业出版社，2009：223.

"四不是"：

承担责任不是接受惩罚。说到承担责任，人们的直觉很可能是："完了，追究责任要惩罚我了。"承担责任不是接受惩罚，如果一个企业有不恰当的追责思维，那么问题可就大了。这不是激发人，而是限制人。

例如，很多企业在喊创新，其实根本做不到。为什么呢？因为它们有不恰当的追责思维。创新哪有100%成功的？创新10个产品，可能只有3个产品是成功的，还有7个都是失败的。如果失败就接受惩罚，那么谁还愿意去创新试错呢？

陕建十一建引入小年派的多个学习项目后，在落地实践中着眼于改善和提高，而非问责和处罚。陕建十一建在绩效面谈中不强化分数，更多地关注如何提出改善意见，让员工在自己的岗位上做出卓越绩效。只要取得成绩，即使在过程中有所失误，也可以包容。陕建十一建通过标准化建设，将制度和流程建设从原来的责任导向转变为绩效导向来助力部门和个人实现目标。

承担责任不是尽职尽责。承担责任也不意味着尽职尽责。我不是否定尽职尽责，而是主张不能把尽职尽责当成承担责任。尽职尽责是针对职位范围内的事，不能仅满足于此。因为职责范围内的事多是运营性工作，企业还需要创新性工作。

承担责任不是付出努力。德鲁克在经典著作《卓有成效的管理者》中一语中的地提醒：大多数管理者（包含经理人、知识工作者和专业人士）重视努力，但忽略成果，结果做事缺乏有效性。管理的运营功能就是要用努力去获取结果，但很多人只强调付出，这只是必要条件，不能等同于承担责任。

承担责任不是完成任务。"我完成任务了，所以我承担责任了。"这也是一种误区。任务完成不代表有成果，只代表完成了一项工作任务，与成果未必有必然关系。这也不叫承担责任。

承担责任到底是什么？一句话总结：承担责任就是要贡献绩效。因为企业管理的首要功能就是要创造经济绩效。不能创造绩效，就意味着管理失败，企业也很难存活下去。

承担责任是要做出贡献。做出贡献强调的是有效性，付出和辛劳不代表有效。

承担责任是要交付成果。交付成果强调的是成果思维，而非任务导向。

承担责任是要完成目标。管理企业是要通过目标管理，贡献和成果都必须是目标导向的。

承担责任是要获得成就。人和事从来都不是分离的，承担责任还必须对人（包括自己）负责。人需要有成就：有没有用人所长？有没有通过工作成效体现人的价值？人有没有得到发展，从而变得更强大？

实现组织的目的和目标，让工作有成效、让人有成就。这是管理的核心任务，也是工作者的责任。

承担责任的 4 个必要条件

为了使工作者取得成就，首先必须让员工具备为自己职务负责的能力。[⊖]

——彼得·德鲁克《管理：使命、责任、实践（使命篇）》

⊖ 德鲁克.管理：使命、责任、实践 使命篇 [M].陈驯，译.北京：机械工业出版社，2019：336.

承担责任是为了让员工取得成就，本着这样的动机，员工就不会有抵触情绪了。德鲁克在《管理：使命、责任、实践》（使命篇）第21章"负责任的工作者"中提道："让员工承担责任需要满足四个必要条件，这也是组织和经理人的道义责任。"

第一个必要条件：**富有成效的工作**。如果你给员工定一个目标，然后请员工给结果，这种做法不妥。富有成效的工作先要设计出来，设计工作是创造巅峰绩效的首要工作，这个工作是适合人的，人按照这个去做，就容易取得成果，这个时候才可以让员工承担责任。

第二个必要条件：**信息反馈**。信息反馈是员工自我控制、自我管理很关键的要素。自我控制、自我管理可以赋予员工更多的自由和尊严。但是在现实的工作场景中，人们往往把掌握的信息用来"管控"员工。什么地方没干好，第一时间不是把这个信息反馈给当事人，而是报告给其上级主管，变成"打小报告"了。信息要第一时间反馈给当事人，这样他才能知道有没有偏离目标，应该怎样改善。

第三个必要条件：**持续学习**。持续学习，才能提升能力，有了能力以后，工作就更容易有成效。持续学习需要自发完成，也需要一定的外力推动和外部条件。组织和经理人需要为员工的持续学习创造条件，也需要建立一定的机制。

第四个必要条件：**需要有明确的职权结构**。员工必须知道哪些领域与决策是自己职权所不能及的，因而必须把这些领域与决策交给更高的职权者。管理层必须明确各自的任务是什么、目标是什么和标准是什么。

"我们可以通过四种方式来造就负责任的员工，这四种方式包括：慎重安排员工职务、设定高绩效标准、提供员工自我控制所需的信息、提

供员工参与的机会以培养管理者的愿景。"[⊖]

　　第一种方式，慎重安排员工职务。下面这个案例在很多企业可能发生过或者正在发生。

　　一名技术人才因技术精湛被提拔到管理者的岗位上。此人为了证明公司对自己的提拔是对的，更加卖力地工作。他采取明星式员工的奋斗法，因此不自觉地就成为"第二个石匠"[⊜]的现实版。部门员工开始怨声载道："经理那么能干，都让他干好了""项目需要与上级和横向部门沟通，他也不出面""请示的方案迟迟没有得到答复……"终于，因为一个项目的延误给公司造成了较大的影响和损失，引起了高层的注意，处理方式简单粗暴：不适合，准备免职。当事人很委屈，明明更加卖力，怎么不能换来理解和支持。如果被免职，就不好继续在这个单位工作了，于是另寻他路。就这样，一名优秀的专业型人才流失了。提拔他的人还浑然不知，认为是当事人的问题，不能胜任工作，理应受到惩罚。

　　这个事情的主要责任人是谁？第 4 章讲到选配人员的 5 个原则之首：选配某人担任某项工作却不能胜任，是"我"的错。上面案例中的主要责任人不是当事人，而是提拔他的人。千万不能好心办坏事，专业型人才适不适合做管理者，这需要分析，需要看人之长。"晋升"不能变成奖励，晋升必须基于个人优势与职位价值。

　　第二种方式，设定高绩效标准。这有可能颠覆我们原来的思维和认知了，难道不是低标准更容易实现吗？建立高标准怎么可以激发人的责

　　⊖　德鲁克.管理的实践：中英文双语珍藏版 [M].齐若兰，译.北京：机械工业出版社，2009：223.
　　⊜　德鲁克.管理的实践：中英文双语珍藏版 [M].齐若兰，译.北京：机械工业出版社，2009：90.

任心呢？

一个人在一家企业碌碌无为，其实他的学历是很高的。后来他换了一家企业，像换了个人一样，工作也卓有成效。原来的企业精神就是基于低标准的绩效精神，新换的企业是高标准的绩效精神，这燃起了他的斗志，激发了他更强的责任心，取得了更好的成绩。

在现实中，很多人说："你拿高绩效标准考核我怎么办？"前文讲到的 ABC 法则已经回答了这个问题，不要用 C 线目标考核，要激励员工。把那个"紧箍咒"去掉，就能激发人更强的责任心。其实大部分人也是能认同高绩效标准的，尤其是优秀和卓越的职场人士。

第三种方式，提供员工自我控制所需的信息。这是员工自我控制、自我管理的必要因素，承担责任的必要条件。我们可以回顾"万变不离其宗的管理系统"一节中的图 3-2，如果没有"传感器"反馈信息给"控制器"，这个系统就无法运行。

第四种方式，提供员工参与的机会以培养管理者的愿景。大家都知道，组织当中的管理者职位数量是相对较少的，但其实每个知识工作者都应该有管理者的愿景。另外，组织不能提拔一个从来没有过管理经历或管理者愿景的人。组织平时就提供员工参与的机会以培养其管理者愿景，机会来了，可选择的人就多多了。德鲁克强调社区的概念，在组织当中可以建立很多非正式的组织、若干社区，让员工自行管理。

成立篮球俱乐部、演讲俱乐部，组建各类学习型组织等，都是在建立社区，给员工提供参与机会以培养他们的管理者愿景。

造就负责任的员工的四种方式都不复杂，关键是能不能调整认知和思维，在行为层面上并不难。

　　我在辅导企业时经常会用一个建议，以此启发企业培养员工的管理者愿景。过年时，企业要发福利，很多企业喜欢自上而下式地管理和控制，由某个领导、HR 或者综合管理部门决定发什么，但众口难调，发了福利，很多员工未必满意。那怎么办？我通常的建议是，做好预算，其他就放手让非管理职位的员工去组织经办，而且是轮值。今年这个人组织，明年那个人组织。给大家参与各种活动的组织管理机会，也有很多其他的好处。即便还会有员工不满意，但他们真切感受到了：这是身边的同事采用民主的方式组织经办的，哪一天可能就轮到自己组织经办，那时也需要征求别人的建议，并且需要获取别人的理解和包容。如此，支持感和认同感就会更强一点儿。

德鲁克式激励的本质

　　工作是人执行和完成的，每个工作者都有自己的个性和公民权，能够掌控自己是否要工作，以及做多做少和绩效好坏，因此需要激发、参与、满足、鼓励和奖励、领导力、地位（statue）和功能。只有管理才能满足这些要求，他们必须在企业内通过工作（work）和职责（job）得到满足。⊖

　　　　　　　　　　　　——彼得·德鲁克《管理的实践（中英文双语珍藏版）》

　　⊖　德鲁克.管理的实践：中英文双语珍藏版 [M].齐若兰，译.北京：机械工业出版社，2009：11.

德鲁克式激励的本质是力求以德鲁克管理思想为指引，探寻激励本来的面目，"去除负激励，严格的爱，激励是果而非因"是本书中德鲁克式激励的核心要义。

1. 去除负激励

在《管理：使命、责任、实践》（使命篇）第 19 章"工作者与做工：理论与现实"中，"胡萝卜+大棒"是德鲁克非常反对的激励方式。"大棒式恐惧"很大程度上不再起激励作用了。恐惧不再是一种激励，而是一种"负激励"。在组织社会中，人们获取工作的机会很多，职业保障也在日益强化。一个人失去工作仍然会感到不愉快，但不再是灾难性的后果。谈激励，首先要避免负激励，后文"解除负激励释放人的潜能"将进一步说明这个问题。

2. 严格的爱

根据我对德鲁克管理思想的研究和理解，以及自身的管理实践，我一再强调：不要离开工作和绩效谈激励。"让工作有成效、让工作者有成就"是管理的三大核心任务之一。我将"严格的爱"定义为德鲁克式激励的本质要义之一，它不同于传统的激励理论。当然，这里"严格的爱"特指在企业组织中。

"严格"主要针对的是"工作"，关键词是"责任"和"成效"。让工作有成效是管理的任务和责任。工作必须产生绩效和成果，对此无论怎么严格都不过分，因为企业必须产生经济绩效。而且，还要以高标准的绩效精神对工作提出要求、设定目标和检验标准，高目标更能激发人的责任心。

　　除非是"寡妇制造者"[⊖]的职位（如果很多人都不能胜任，那就是职位设置有问题），否则，如果工作者，特别是经理人连续不能完成工作职位要求的绩效任务，就应该被"毫不留情"地换掉。如果不换，继续不恰当地妥协，就是"负激励"，会破坏组织的绩效精神。

　　"爱"主要针对的是人，关键词是"尊严""尊重""成就"和"发展人"。人的尊严有很多种体现形式，但正如德鲁克所说：失业会摧毁人的自尊，工作就是"成就"。[⊜]不管什么原因导致人不工作，开始一小段时间还觉得挺好，但时间一长，就会想念职场和工作了。工作是生计之本，工作是价值实现的载体。

　　工作关系必须以相互尊重为基础。尊重人的个性，甚至要尊重人的短处，因为任何个体都有自己的短处是不争的事实。管理是要用人所长去创造组织所需的经济绩效。德鲁克告诫：如果管理层超出其追求经济绩效的责任，开始对公民和公民的事务行使管理职权，就是滥用职权。[⊜]尊重工作者，用组织和团队去扬人之长避其之短，这才是组织的目的。

　　德鲁克关于"心理学"的一段描述纠正了我对"心理学"的偏见，让我跟自己和解了，不过我之前的"偏见"其实是对一些人滥用"心理学"的不满。德鲁克说："心理学的主要目的是帮助人们自我洞察以实现自我节制，使用心理学去控制、支配以及操纵他人不仅是自我毁灭的知

　　⊖ 德鲁克.管理：使命、责任、实践　实践篇 [M].陈驯，译.北京：机械工业出版社，2019：41.

　　⊜ 德鲁克.管理：使命、责任、实践　使命篇 [M].陈驯，译.北京：机械工业出版社，2019：235.

　　⊜ 德鲁克.管理的实践：中英文双语珍藏版 [M].齐若兰，译.北京：机械工业出版社，2009：8.

识滥用，而且是一种特别令人厌恶的专制形式。"⊖利用心理学去控制别人，就没有做到"尊重个体"。

让工作者有成就是管理的任务和责任。让人有成就，这才是真正有效的激励。富有成效的工作，换句话说就是，以设计工作为基础，让人的优势匹配工作，让优势产生生产力，从而让人有成就。

发展人是经理人的五项管理工作之一，也是经理人的三大核心贡献之一。经理人要发展人，持续地激发人，使人产生更大的愿景和能量，最终取得更高的成就。

3. 激励是果而非因

"激励是果而非因"是德鲁克式激励的本质要义之一，也是我推崇和推广的主张。正如利润不是企业经营的动因，而是创造客户带来的结果，激励也不是工作的动因，而是工作有成效后的结果。

我在一家企业做顾问的时候，总经理向我咨询要不要同意销售经理提交的激励政策方案。我将当时的对话简要概括如下，以此启发大家理解和思考。

总经理："熊老师，我想听听您的意见，我要不要同意销售经理呈报的激励政策方案？"

我："我记得年初就制定过销售部门的薪酬绩效机制吧？"

总经理："是的。但销售经理又提交了额外的激励政策，目的是激励大家更好地完成销售目标。"

⊖ 德鲁克．管理：使命、责任、实践　使命篇 [M].陈驯，译．北京：机械工业出版社，2019：307.

我："主要内容是什么？"

总经理："主要是新渠道开发、销售目标达成，额外发放一定金额的奖金。"

我："销售目标达成，按照绩效政策就能享有该有的奖金；渠道开发是重要的工作任务，已经列入绩效考核的关键目标。怎么又要额外激励政策？"

总经理："上个季度就有了，我当时同意了。"

我："那效果怎么样？"

总经理："不怎么样，目标达成情况不是很理想，感觉公司只是额外花了一笔钱。"

我："那你的想法是什么？"

总经理："我这次不准备同意了，但销售经理理由充分——为了激发团队冲刺目标。不同意，感觉就像我不支持他们冲刺目标、完成任务。"

我："你现在有被'绑架'的感觉？"

总经理："是的，所以希望听听您的意见。"

我："我记得薪酬已经按照销售人员承担任务量的多少和难易程度'就高'进行了调整，如果达成设定的目标，绩效奖金也会有较大幅度的上涨。"

总经理："是的，而且都与当事人沟通确认过。"

我："之前目标达成效果不好，是因为激励政策问题？"

总经理："应该不是。"

我："那应该思考'如何才能更好地达成目标？''关键因素是什么？'界定关键任务并匹配必需的资源才是重点啊！"

总经理："我明白了。"

我："已经有了薪酬绩效机制，不是说就不可以进行额外的物质激励，但必须是有条件的，如额外奖励大幅度提升业绩的人；再如，创新渠道开发模式取得特别效果的人。"

总经理："我也有责任，第一次时没想清楚就快速同意了。"

我："不少企业有这样的现象，强调'激励为因'，而脱离了'工作和绩效'这个本质。"

总经理："谢谢熊老师，我有答案了。"

最终额外的激励政策没有被同意，该企业本着"控制结果、检查过程"的管控原则，加大了事先规划和过程检查，在后来销售经理离职且半年都没有新销售经理到职的情况下，企业还是取得了绩效的突破，在我辅导的两年里业绩增长连续突破历史新高。

去除"负激励"，施行"严格的爱"，必然能收获"激励的果"。

从 5 个维度激发人的善意

我在前文"3 个管理要素指向巅峰绩效"中写过一个公式，见图 2-2。工作是需要人去实现的，所以在这个维度里，就要去激励、激发别人。我喜欢用激发这个词，这也是落地"发展人"的关键措施。

想必喜欢德鲁克的人听过这样的话："管理的本质就是激发人的善意和释放人的潜能。"其实这不是德鲁克的原话，而是原北京彼得·德鲁克管理研修学院创始人邵明路先生根据对德鲁克思想的理解提炼出来的，这句话得到了很多人的认可，我也十分认同。不过说明一下：激发人的善意和释放人的潜能不是目的，而是为了更好地实现管理任务。如何激发人的善意？如何释放人的潜能？

德鲁克在《管理：使命、责任、实践》（使命篇）第 16 章"理解工作的含义：工作、做工以及工作者"中提到"做工"的 6 个维度，工作者在每个维度中都必须获得成就，这样工作才能具有生产力。[⊖]激发人的善意不是目的，而是手段；目的是让人有成就，从而让工作具有生产力。我将德鲁克提到的涉及"权力"的第五和第六维度整合为 1 个，变为 5 个维度。从激发人从事工作的 5 个维度开展工作，就能激发人的善意。

5 个维度分别阐述如下：

第一个是**生理维度**。如果让一个人 24 小时不睡觉，连续工作 7 天，用再多的激励政策都是徒劳，因为这是不可能的。当然，这是个极端的例子，明显是违背人的生理需求了。关于生理维度，我的理解是德鲁克在告诫我们不能把人当机器、不能把人工具化。

大家或许听过——一位 36 岁的女士常年从事高速路收费亭的收费工作，收费关卡被取消后，她当着记者的面说："除了收钱，我什么都不会。"

常年只做一项简单的工作，其实违背了生理维度。例如，让一个人去拧螺丝、每次拧三圈半，十年如一日，他就什么也不会了。

某公司有个印章管理员岗位，该岗位过去秉承传统观念，主要工作就是盖章。学习实践德鲁克管理思想后，企业意识到如果一直做盖章这项工作就是对这个员工极度不负责任，必须思考这个员工五年之后或十年之后能做什么。盖章极易消磨人的工作热情，也难以产生成就感。要

⊖ 德鲁克.管理：使命、责任、实践 使命篇 [M].陈驯，译.北京：机械工业出版社，2019：233.

激发员工的工作热情，就要从职务设计和设定目标来引导员工，从"要我干"变成"我要干"，从被动完成变成主动做贡献，员工工作也就从自娱自乐变成了创造绩效。目前，该公司的印章管理员更多地关注如何对用印审批的类型进行分类，更快捷地指导一线完成用印审批；对刻章流程进行优化，压缩不必要的步骤；梳理刻章节点和回收印章节点，主动提醒，进而规避风险；同时负责公司档案管理工作，这极大地激发了员工的责任感和成就感。

第二个是**心理维度**。人人都渴望被尊重、被认可和被爱，这是心理学家经过研究得出的结论，也是大多数人的共识。如果一个人失去"工作"，自尊心会受到很大的伤害。人是需要通过"工作"体现自身价值的，我们要假设并相信人是愿意和希望把工作做好的。人需要在工作当中追求自尊，满足自尊，创造成就。关注人的心理维度，就可以激发人的善意，不要认为人都是想逃避工作的。

第三个是**社会维度**。人是有社会属性的高级动物，所以脱离不了社群。如果把一个人关在一个房子里，手机也不给他，他很快就会抑郁。德鲁克在书里举的例子很有意思：美国的一些中老年妇女，因为照顾孩子而脱离职场，等孩子都毕业了，她们体现不了自身价值了，就开始怀念老东家了，打电话去问有没有工作可做。她们很怀念曾经在职场上共事的同事，哪怕曾经不和。德鲁克用这个例子来说明人是有社会属性的，无法长时间脱离社群。

人们会因为在××企业任职而感到自豪，这是由于社会身份感。前文讲到的提供员工参与机会以培养管理者的愿景，也是社会维度的应用之一。德鲁克在《21世纪的管理挑战》中提到："人需要找一个职场以外的第二事业。"[⊖]这个第二事业不是兼职做副业，而是去职场以外的不以营利为目的的组织中实现价值。这是通过找到社会地位（statue）实现自我激励。企业和经理人要善于利用社会维度开展相关工作，以此激发人的善意。

第四个是**经济维度**。工作是生计之本，经济维度就是要谈工资。企业对员工不谈工资，光"画饼"——憧憬美好未来，那很可能导致员工流失。工资是价值交换的结果，所以企业可以正大光明地谈工资。在企业中要建立薪酬绩效机制，让员工清楚自己的贡献能获取什么回报。

第五个是**权力维度**。权力维度又分成两种：一种是工作权力，另一种是经济权力。如果一个人在本职工作上已经没有上升空间了，而他的能力很强，那就要为其创造条件去发挥。例如，一个人不但工作做得好，又善于表达，就可以让他给公司的其他人分享他的工作经验和技巧等。让他做老师，就是让他发挥自己的能力。另外，给予人更大的职权，也是属于工作权力范畴的激发。

经济权力是指享有二次分配的经济权力。在薪酬、绩效这个经济维度以外，如股权、期权就属于经济权力维度。

去除负激励因素以发挥人的潜能

怎么发挥人的潜能？方法当然有很多种，本书不是给出很多激励措施，而是讲怎样识别并去除组织中的负激励因素。想办法把负激励因素去除了，就能发挥人的潜能，就能起到正向激励的作用。即便用很多激

⊖　德鲁克. 21 世纪的管理挑战：中英文双语典藏版 [M]. 朱雁斌，译. 北京：机械工业出版社，2006：137.

励措施，如果不去除负激励因素，也很难发挥作用。

优秀的组织管理者主要是靠内驱力激励的。就像一个鸡蛋，从外向内打破，只能做炒鸡蛋、煎鸡蛋等，但是从内向外打破，就会是一个新生命的诞生。

去除负激励因素，让人发挥潜能，由内而外地"新生"。组织中的负激励因素需要去识别，只要用心去聆听、坦诚交流，就能获取反馈。下面我分享一些组织当中常见的负激励因素，给大家一些启发。

第一个是不合适的办公室"文化"。当一个组织当中有很多不合适的办公室"文化"时，再多的激励措施也无效。不合适的办公室"文化"是一个很强的负激励因素，它会破坏良好的组织精神，高级别的经理人尤其要注意，不要有意为之。

第二个是目标不聚焦、不明确。目标多变，一会这样，一会又那样，让大家找不到方向，或者压根就没有目标，随波逐流，随风而动。清晰的、明确的目标是可以起到激励人的作用的，反之就是负激励。

第三个是不合理的工作流程。这个负激励因素在组织当中不同程度地存在，而且经常是披着"规范管理"的外衣。

例如，我培训过的一家企业，一份合同需要8个人签字。有人可能会对此感到好奇：什么样的合同需要这么多人签字？其实就是常见的标准范式合同。当然，它的本意可能是要"规范管理"，相关部门都要履行职权，如此就违背了"经济性原则"，成为负激励因素。经我培训后，该企业将合同审批减至需要3个人签字。我追问：能不能变成两个人签字？能不能不签字？

海尔就在大胆地实践：不签字，当事人自己决定，尽量消灭审批性签字。签字的人越多，责任越稀释；签字的人越多，越没人承担责任。因为签字的人会认为：反正大家都签字了，出了问题也不会一个人承担责任。

所以，不合理的工作流程会给大家造成负面影响。真正的工作流程是为客户创造价值的一系列行为过程，必须秉承经济性原则。

第四个是低效率的会议。低效率的会议对卓有成效的职场人士来说，就是在浪费生命。常规会议，必须降低到最低频次，并且要简单有效，第 6 章将会进一步阐述。

第五个是不恰当的内部竞争。必要的竞争是有激励作用的，但不恰当的，甚至"低俗化"的竞争就是负激励，不是在引导，而是在破坏协作。**对于知识型组织，过分强调个体的绩效是不恰当的，应该鼓励和强调整体的绩效。**⊖过分强调个人之间的竞争，可能会破坏协作。

华为的绩效考评就是首先突出组织和团队的整体绩效，然后才是个人绩效。

"低俗化"是指不顾及个人的感受，而违背"民意"，如手拿几张百元人民币，还拍照片广而告之。既然"俗"，就要"大俗"。有些企业给团队颁奖，拿着大金额的支票，注意关键词：大金额和团队。价值导向是奖励团队，而且是大金额地奖励，但如果本属于薪酬绩效范畴内的，就不要宣传了。

第六个是不当的妥协。有些人明明绩效平平、能力普通、管理水平也不高，却能在管理位置上常待，组织可能是考虑各种原因，做出的不

⊖　德鲁克. 人与绩效 [M]. 闫佳，译. 北京：机械工业出版社，2014：28.

恰当地妥协。这会对其他人造成很大的负激励，也会破坏企业的组织精神。面对现实，人们很难不妥协，但一个企业的使命、目标和价值观不能轻易妥协，否则就是很大的负激励，也会损害当事人的领导力。

以上只是比较常见的几种负激励因素。每个组织中存在的负激励因素不一样，需要大家一起坦诚交流和共创去识别。提出来不难，难的是判定。例如，我在线下课程中，就有人提出来"目标太高"是负激励。高目标不是负激励，但按照挑战的高目标去考核当事人的收入和评价其胜任程度，那就会成为负激励。

关于负激励，我没有统一的判定标准，希望大家多学习实践德鲁克管理思想，判定标准就会逐渐明朗。

我列出一些在培训和辅导中收到的关于负激励因素的描述及我的判定意见，供大家参考，见表 5-1。

我收到的反馈：很多员工说只要有机会和通道反馈，即使有些问题得不到解决，也能理解，至少感受会好很多。

表 5-1　部分负激励因素描述及判定意见

序号	负激励因素描述	判定意见
1	无效沟通（任务表达不准确）	这条不建议判定为负激励因素，如果是上级表达不准确，可以主动向上沟通
2	薪酬分配不合理	谨慎判定，如果是以绩效为主要客观依据，基于一定的规则分配，那就是合理和公正的
3	工作责任不明确	谨慎判定，在职场中通常基本的职责都是有的，不能事事等着安排、等着分配责任
4	问题反馈机制缺失	负激励因素
5	组织结构及目标频繁变化，无所适从	可以判定为负激励因素，组织结构及目标因战略而变，不应该太频繁
6	有成绩不被认可	谨慎判定，如果仅仅是个别人心理上的需求，就不一定是负激励因素，因为知识工作者经常误以为的"成绩"并不是真正的"有效性"

（续）

序号	负激励因素描述	判定意见
7	审批流程冗杂	负激励因素
8	不采纳合理化建议	谨慎判定，如果反馈告知当事人其建议不被采纳，就不能算是负激励因素
9	罚多奖少	谨慎判定，如果对常规运营性工作，罚多奖少（主要要有规则）可能是合理的
10	区别对待（管理者）	谨慎判定，信息交代得不清，如果根据不同人的特点和优势，安排工作区别对待是恰当的
11	没有成就感	这三条都要谨慎判定，或许都是以个人的感受为主
12	工作不快乐	
13	没有归属感	
14	工作氛围不好	谨慎判定，公司中优先讲目标、讲成果、讲贡献，氛围次之，氛围是手段，不是目的
15	公司内的裙带关系	谨慎判定，裙带关系本身未必是负激励因素，优先考虑的应该是组织利益和岗位职责及贡献

TOWARD PEAK
PERFORMANCE

第 6 章

执 行 控 制

PDCA 循环是由美国质量管理专家沃特·阿曼德·休哈特（Walter A. Shewhart）首先提出的，经戴明采纳、宣传、推广普及，所以又称戴明环。在质量管理活动中，要求把各项工作按照做出计划、计划实施、检查实施效果的顺序进行，然后将成功的纳入标准，不成功的留待下一循环去解决。本章内容的核心逻辑就是围绕巅峰绩效目标，按照 PDCA 循环进行执行控制，形成的模型简称 A-PDCA 模型，如图 6-1 所示。

以巅峰绩效目标为中心，按照制订计划、严格执行、检查和反馈及周期质询四个主要步骤执行控制并创造巅峰绩效。下面分 5 个部分进行详细说明。

图 6-1　A-PDCA 模型

设定并聚焦重点绩效目标

目的目标（goal）应该统领组织的方方面面，而且数量上应该少之又少。如果一个组织的目的目标超过了5个，就意味着这个组织没有目的目标，因为这只能让你分散有限的精力。[一]

——彼得·德鲁克《德鲁克经典五问》

"企业不是一种自然现象，而是一种社会现象。在社会环境中发生的事件不会按照自然界事件的'正态分布理论'来发生。在社会环境中，少数的活动（最初的10%，最多也不超过20%）会成就90%的成果，而其余的绝大多数活动只造成了剩下10%左右的成果。"[二]德鲁克这段话发人深省，聚焦关键事项是获取成果的关键。创造巅峰绩效从业务视角应该将精力集中在能产生最大收入的最少几个产品、服务、顾客、市场、销售渠道等上，从管理视角应该设定并聚焦重点绩效目标。创造巅峰绩效的管理实践首先要聚焦少量的企业整体目标，再设定绩效衡量目标，为此我设计了实践表，经反复实践检验，效果良好，见表6-1。

我观察和验证发现，在管理实践中人们很喜欢一开始就设定绩效衡量目标。我强烈主张先由管理层共创、设定目的目标，在共识以后再设定衡量目标。按照德鲁克的建议：目的目标最好不超过5个，基于企业规模和发展阶段不同，以及聚焦重点的难度考虑，我一般建议企业目的目标设定为5～7个。

[一] 德鲁克，赫塞尔本，库尔.德鲁克经典五问[M].鲍栋，刘寅龙，译.北京：机械工业出版社，2016：82.

[二] 德鲁克.为成果而管理[M].刘雪慰，徐孝民，译.北京：机械工业出版社，2020：8.

　　设定目的目标并达成共识后，再设定衡量目标，然后设定目标值（分A、B、C 三档）并确定完成的时间周期。对此后文会详解，待熟知本章内容后，请再对照并借鉴这个表去实践——设定并聚焦重点绩效目标。

表 6-1　设定并聚焦重点绩效目标实践表

目的目标		衡量目标	目标值			时间周期
			A	B	C	
1						
2						
3						
4						
5						
6						
7						

4 个要素定义目标

目标很重要，但如何描述目标未必能在组织内部达成共识。在企业领导人发言或各种报告中，时常有"提高销售收入""强化创新能力""增强核心竞争力"这样的表述。这些是目标吗？可能有些人认为这些是目标，有些人认为这些不是目标。目标到底是什么？可不可以给"目标"下个定义？我用 4 个要素定义目标：

1. 目的目标

目标的第一个要素是"目的目标"。这个"目的目标"对应德鲁克讲的"goal"。"目的目标"强调的是目标的"目的是什么"，或者说"为什么"。"提高销售收入""强化创新能力""增强核心竞争力"，这些表述的就是"目的目标"。

2. 衡量目标

"衡量目标"对应德鲁克讲的"objective"，这个目标是需要量化的。**德鲁克指出："objective"是为了引导组织实现其"goal"而完成的，具体且可量化的成果。**[⊖]如果一个目标的"目的目标"是"提高销售收入"，那么衡量目标是什么？这个衡量目标其实比较清晰，就是"销售收入"。如果一个目标的"目的目标"是"强化创新能力"，那么衡量目标是什么？这个就有一定的难度了。这也是很多企业绩效管理做不好的原因之一，不是随便定一个衡量目标就能达成目的目标的。"专利数量"和"新产品数量"能不能作为"衡量目标"？或者说这两个"衡量目标"如

⊖　德鲁克，赫塞尔本，库尔.德鲁克经典五问 [M]. 鲍栋，刘寅龙，译.北京：机械工业出版社，2016：83.

果实现了，能不能实现"强化创新能力"这一目的目标？好像能在一定程度上实现，但又不能画等号。如果一个企业定的是"专利数量"和"新产品数量"的衡量目标，结果绩效考核完成得非常好，但企业领导总感觉哪儿不对劲，这是因为既使这两个目标达到了，也并不一定能说明创新能力得到强化了。创新是创造新的客户价值，如果将衡量目标定义为"新产品在销售收入中的占比"，就更恰当了。我在辅导的一家企业中协助梳理确定了"专利在多少金额的成交项目中运用"，作为"强化创新能力"的"衡量目标"，得到了一致认可。

3. 目标值

既然是要量化，就需要有量化值。衡量目标是一个要素，那么紧接着就要确定"目标值"。如果一个目标的"目的目标"是"提高销售收入"，衡量目标是"销售收入"，那目标值可以是 10 亿元。如何设定目标值，将在"设定目标值的影响因素"中详细说明。

4. 时间周期

目标的第四个要素就是"时间周期"。年末的 12 月 31 日完成 1.5 亿元销售收入，和次年的 6 月 30 日完成，完全不同。所以，目标最后一个要素是要明确时间周期。

德鲁克在《管理的实践》第 7 章"企业的目标"中提及目标的 5 个作用，但只是一笔带过，没有引起大家足够的重视。我用上述 4 个要素定义目标，也是受到"目标的 5 个作用"的影响。5 个作用对理解目标的重要性和制定目标有很大的指导意义和价值。目标的 5 个作用简述如下：

1. 通过少量的概括性陈述去组织和解释整个企业现象

4 个要素之首的"目的目标"也算是这个作用的具体实践。"goal"勾勒出组织所期待的未来，它应该统领组织的方方面面，而且数量上应该少之又少。如果一个组织的"goal"超过了 5 个，就意味着这个组织没有"goal"，因为这只能让组织分散有限的精力。创造巅峰绩效的执行控制首先要设定并聚焦重点绩效目标。

2. 在实践中检验这些陈述

在实践中检验以上陈述，我将其落地为确定"衡量目标""4 个要素定义目标"，很有实践价值，也很符合"德鲁克"。

3. 能预测行为

最终目标要转化为任务，转化为工作，转化为具体的动作。前文举例说我辅导的一家企业把"专利在多少金额的成交项目中运用"作为"强化创新能力"的"衡量目标"，这个就能预测行为，能引导规划方案，在设计方案时就会有意识地引用专利。如此，"专利"就不会成为"摆设"。

4. 在决策进行中就能评估决策是否合理

经理人有一项特定的重要工作就是"决策"，而且经常是面对不确定性时的决策。"在决策进行中就能评估决策是否合理"这个作用怎么体现呢？

例如，高考填志愿，你到底要报什么学校？你的分数够了，有那么多的学校可以报。怎么能证明你在决策过程当中，判断它就是合理的呢？这与目标有很大的关系，如果目的目标是一定要上一本，而且不到北方去。目的目标确定，在做具体选择的时候，就能知道决策是否合理了。

5. 让实践的人通过分析自己的经历，去改善绩效

目标是绩效衡量的基础。目标的第五个作用就是通过目标的指引，让每个实践的个体分析自己的经历（experience），以此去改善自己的绩效。

8 个关键领域设定衡量目标

德鲁克在《管理：使命、责任、实践》（使命篇）第 8 章用玛莎百货的案例为读者提供了目标设定的规范步骤，我将其归纳为：德鲁克关于目标的 5 个重点说明。

（1）化使命为目标，目标是企业的基本战略。

（2）目标必须是可操作的。

（3）目标必须是有选择性的，能集中资源和努力。

（4）多种目标平衡。

（5）企业赖以生存的所有领域都必须设定目标。

1. 化使命为目标，目标是企业的基本战略

目标源自对这些问题的思考："我们的事业是什么？""我们的事业将要是什么？""我们的事业应该是什么？"这些问题不是抽象的概念，而是在行动上的承诺。通过行动承诺，企业的使命得以实现；通过行动承诺，绩效的标准得以评测。换言之，**目标是企业的基本战略**。简单说即是：**化使命为目标，目标是企业的基本战略**。使命相对宽泛，愿景是相对具体的目的目标。我经常比喻：愿景是奔赴使命路上的灯塔。战略是实现愿景和使命的地图和路径，并用衡量目标衡量。

目标是企业的基本战略，在营销目标设定中再做说明。

2. 目标必须是可操作的

目标从来都不是合理的、目标不是用来 100% 实现的，第 1 章已经详细阐述过。但目标必须是可操作的，目标要能预测行为，目标是工作分派的基础，目标必须能够转化成为企业的特定和具体工作。

3. 目标必须是有选择性的，能集中资源和努力

德鲁克强调目标必须精挑细选而非包罗万象，这样做的目的在于确保关键的人力、财力以及实体设备等资源用在刀刃上[⊖]。经理人要特别注意，在实践中不要定那么多目标。目标多就会失去重点，最后还是做不好企业经营管理。目标是要有选择性的，**通过少量的概括性陈述去指引组织的管理实践**。

4. 多种目标平衡

"平衡计分卡"应该是众多经理人熟悉的工具，但大多数人可能并不一定知道其首提者是德鲁克。企业管理讲究平衡多种需求和目标，这就要求企业必须设定多个目标。

5. 企业赖以生存的所有领域都必须设定目标

无论什么企业，都有赖以生存的 8 个领域：营销、创新、人力组织、资本资源、实体资源、生产率、社会责任和利润要求。

德鲁克把"利润要求"放在最后一个，我先解读这个目标领域。德鲁克为什么会把利润放在最后？

企业的目的是什么？绝大多数人的认知：企业的目的是追求利润。

⊖ 德鲁克.管理：使命、责任、实践 使命篇[M].陈驯，译.北京：机械工业出版社，2019：123.

经济学界人士这样说无可厚非，企业和管理界人士也这样说，就会有点儿问题。德鲁克是说企业的目的不是利润，利润是结果。企业的目的是创造客户。客户是一切业务的基础，决定了企业是什么。企业的成果源于客户。创造客户是因，这个"因"导致利润产生。所以德鲁克把"利润要求"放在最后一个，也是用心良苦。他的意思是企业不要一开始就是追求利润。企业首先追求利润，其他的目标领域很可能兼顾不到或者根本不顾及其他领域。在其他 7 个领域的目标都实现的前提下，去追求利润，这才是比较合理的。

我先讲这个是希望经理人不要陷入追求利润最大化的"旋涡"。现在，我们看一看 8 个领域的逻辑关系。企业必须有能力去创造客户，因此企业必须首先设定营销目标。企业必须有能力创新，否则就会被市场淘汰，因此企业接下来必须设定创新目标。所有企业的生存发展都必须依赖经济学家提出的三大因素：人力资源、资本资源及实体资源。企业必须为这些资源的供给、使用以及发展设定目标。如果企业要生存下去，这些资源的使用就必须产生成果，资源生产率就必须不断增长。因此，企业必须设定生产率目标。企业存在于社会和社区中，必须肩负社会责任，至少应该担负环境影响方面的责任，因此必须在相关社会责任层面设定目标。

企业需要利润，否则任何（其他 7 个领域的）目标都无法实现。所有这些目标的实现都要求付出努力，也就是"成本"。所有目标都需要承担风险，因此所有目标都要求利润以求规避和弥补潜在亏损。利润不是目的，但利润是企业存活的必要条件，利润是企业持续发展的未来成本。

德鲁克说："营销和创新是目标设定的基础领域，正是在这两个领域中，企业收获成果，顾客也是在这两个领域为企业的绩效和贡献买单"[⊖]。德鲁克式简效管理模式强调：企业承担"社会责任"，将社会问题转化为商业机会，管理企业就是通过营销（marketing）、创新（innovation）和运营（operation），去创造经济绩效（销售收入和利润）。通过运营"人力组织、财政资源和实体资源"使其具有"生产率"，实现企业的"营销"和"创新"目标，最终实现"利润要求"。

第一，**营销**。据我的观察和了解，人们在设定营销目标时多数是设定"销售收入""市场占有率"等。这样做有没有错？不能简单地说是错的，但不够严谨和完整。请大家回顾一下前文讲的"定义目标的4个要素"，销售收入和市场占有率是衡量目标，如果仅用这两个衡量目标，就会导致一些不恰当的结构性错误。

例如，某企业制定了销售收入10亿元的目标。该企业有A、B两款主要产品，A是比较成熟的产品。B是升级新品。结果营销团队最终实现了销售10亿元的目标，其中A产品销售9.2亿元，B产品销售0.8亿元。从绩效角度看，100%完成了目标，销售团队士气高昂。但总经理感觉不对劲，甚至对此感到很苦恼："我们明明希望拓展新品，毕竟A产品都在成熟期了，甚至有衰落的迹象了。"

如果能严格按照目标的4个要素制定目标，就能规避上述案例中的问题，会让目标更有可操作性和有效性。营销目标到底应该是什么？我整合了德鲁克在20世纪50年代和70年代著作中的内容，将营销目标归纳为8个：

（1）现有产品在当前市场上的期望地位。

（2）现有产品在新市场上的期望地位。

⊖　德鲁克.管理：使命、责任、实践　使命篇 [M].陈驯，译.北京：机械工业出版社，2019：127.

（3）当前市场需要的新产品。

（4）应该开发的新市场和新产品。

（5）应该淘汰哪些旧产品 / 服务、市场。

（6）分销组织。

（7）服务标准和服务目标。

（8）信用标准和信用目标。

目标就是企业的基本战略，（1）～（4）就是战略，涉及市场和产品——战略选择的两大核心要素。德鲁克 1954 年就提出如此完美的目标，有"战略管理之父"美誉的安索夫在几年后提出"安索夫矩阵"，就是用"市场和产品"两个维度，构建了四种战略。

按照我定义目标的 4 个要素，这 8 个营销目标首先都应该作为"目的目标"，保证方向正确。例如，"提高现有产品在当前市场上的期望地位"。以"销售额 / 市场占有率"作为衡量目标，然后设定目标值并确定时间周期，至此一个完整的目标设定就完成了。

再如，"提高当前市场上新产品的销售收入"，这个目标就有很好的指引工作的作用：要开发新产品，要开发新客户或者在老客户中推广新产品等。

其他几个目标包括其他的目标领域，不一一详解，大家可以举一反三。

第二，**创新**。经济学家熊彼特被誉为"创新理论"的鼻祖。1912 年，其出版《经济发展理论》[一]一书，提出了"创新"及其在经济发展中的作用。德鲁克将创新纳入"管理学"，定义"创新"为企业和管理的基本功能。德鲁克在 1954 年的《管理的实践》中指出，一般典型企业设定的创新目标有 5 个：

　　[一]　熊彼特 . 经济发展理论 [M]. 王永胜，译 . 上海：立信会计出版社，2017.

（1）为了达到营销目标所需的新产品或新服务。

（2）由于技术改变，导致产品落伍，需要的新产品与新服务。

（3）为了达成市场目标，同时顺应其中的技术改变，需要进行的产品改进。

（4）达成市场目标需要的新流程，以及在旧流程上有所改进。

（5）企业所有重要活动领域的创新和改善。[⊖]

具体实践请参照我前文讲的定义目标的 4 个要素，要特别注意创新的衡量目标的制定，及其对创新能力提升的贡献。正如我在前文讲到的，设定"5 个新产品"的衡量目标和目标值，不如设定"某个新产品在某个新市场上的销售收入达到 2000 万元"恰当和有价值。

第三，**人力组织、财政资源和实体资源**。这三个放在一起简要说明。在《管理的实践》中关于这三个领域，德鲁克原来的表述是：**实体和财政资源、管理者绩效与发展和员工绩效与态度**。[⊜]在《管理：使命、责任、实践》中，他把"**管理者绩效与发展和员工绩效与态度**"整合为"人力组织"，把财政资源和实体资源又分开了。应该没有什么本质的区别，后面的整合更简单清晰，这三个领域的工作都是为了支持"营销"和"创新"目标的实现。

对人力组织这个领域，我的理解有三个重点：一是管理者的开发、管理者的供应和管理者的绩效。特别把经理人单独拿出来强调；二是员工，员工的态度、技能和绩效；三是组织，组织结构也是目标实现的重要保证，本书不再展开。

⊖ 德鲁克.管理的实践：中英文双语珍藏版 [M].齐若兰，译.北京：机械工业出版社，2009：52.

⊜ 德鲁克.管理的实践：中英文双语珍藏版 [M].齐若兰，译.北京：机械工业出版社，2009：61.

　　这三个领域都属于资源范畴，资源领域重点是从开发、供应（投入）和绩效（产出）维度设定衡量目标及目标值的。

　　第四，**生产率**。这个领域怎么制定衡量目标？生产率涉及"投入"和"产出"，提升生产率，要么减少"投入"，要么提高"产出"。具体用什么目标衡量，我在此不做说明。但我要讲更重要的内容："生产率"怎么才算"好"或者"不好"？这个企业家和经理人自己能定义吗？我的主张是不能。注意，我用的词是"我的主张"不是"我的答案"。在一定情境下，企业和经理人当然可以自己定义好坏。但更重要的是，要与行业对比，要与标杆企业对比。

　　例如，某制造型企业，人均销售收入是 60 万元，看似不错，但行业里有标杆企业已经做到人均 150 万元了。

　　德鲁克说过：标杆假设一个组织能做到的事情，任何其他组织都可以做到。[一]企业家和经理人不用纠结，德鲁克这种主张和导向是良好的，对个人、企业和社会都有好处。

　　第五，**社会责任**。德鲁克应该是最早强调"社会责任"的管理学家，企业必须肩负社会责任，或者至少应该担负环境影响方面的责任。企业在相关社会责任层面设定目标，一点都不虚。企业目标可以是环保、安全，也可以是改善员工的收入，还可以是多解决社会问题等。具体设定，依然可以参照定义目标的 4 个要素进行。

　　以上的 8 个领域是典型企业的关键领域，关系着企业的生存和发展，所以都必须制定目标。沿着这个 8 个领域，至少不会出现方向性错误，至于是不是 8 个领域同等重要，要结合企业的实际情况。

　　[一]　德鲁克 . 21 世纪的管理挑战：中英文双语典藏版 [M]. 朱雁斌，译 . 北京：机械工业出版社，2006：84.

设定目标值的影响因素

我没有找到德鲁克直接关于目标值设定的文字和论述，也很难有统一的标准。下面的内容是我根据多年的教学及辅导企业实践的总结，有3个维度和7个要素影响目标值设定，同时给出针对性方法建议。

第一个是"期望"维度。这个维度与前文讲到的"目标从来都不是合理的"，看上去都有点感性。关于"期望"维度，一个要素是"战略规划的要求"。如果一个企业的战略是要在市场中取得一定的竞争地位，那么它的战略定位的高低决定了目标值的高低。

另一个要素是"内外部客户的期望"。这里的客户，泛指有需求和诉求的人和组织。大家可以想一想，与我们合作的客户，他们希不希望供应商在行业里有市场地位？企业的员工希不希望所在的组织是行业里的佼佼者？答案应该都是不言而喻的。

第二个维度与"数据"相关。与数据相关，自然是要理性。目标从来都不是合理的，导向是要牵引、激发个人和组织的潜能。企业要挑战目标不考核，如果真要是做 KPI，那就要相对合理。因为这个通常与个人的绩效挂钩、与个人的晋升和胜任评价相关，如果考核目标值太高，个人就会有压力，就会产生自我保护。

可以从四个要素考虑，制定合理的目标值。

（1）历史数据。公司的历史数据，不仅是重要的，而且是设定有效目标值的参考。对处于创业期或者在迅速成长期的企业，参考价值不大。对在一定时期稳定发展的企业，参考价值较大。

例如，一家企业连续五年平均增长率都在 30%，那么在次年目标值设定的时候，定 35% 的增长率行不行？合理不合理？

我想大部分人应该是认为合理的。当然，一定也会有人说业绩基数已经很大了，所以增长不了那么多了。但是历史数据证明这是合理的，如果不去执行，企业就可能换一个认同这个增长率的人上位。

（2）行业数据。行业数据启示我们不能关着门在企业边界范围内行事。企业定了一个很合理的目标值，也达成了，很满意。这不行，企业还要考虑行业数据，打开门走出去、打开窗看出去，与行业里的企业做对比，并且应该与行业里的标杆企业做对比。

例如，某企业人均销售收入是 150 万元，定的目标都完成了，很满意。但很可能行业里人均销售水平都是 200 万元了，好的企业都已经达到 400 万元了。企业还认为这已经很棒了，经理人还认为目标太高了，这问题就大了。

（3）经济环境。经济环境，我称之为社会对比。这也不是什么特别的理论，但很有借鉴意义。从组织内部来说，可能这个比较突出且有现实意义。

例如，某企业一个发达地区的分公司和欠发达地区的分公司，在定目标的时候，目标值是不一样的。必须考虑所处的社会经济环境和发展水平，因为其所处的经济环境不一样，购买力不一样，或者所处的竞争环境和市场容量不一样等。

（4）客户数据。客户数据特别有实战意义，当然要在数据收集和分析的基础上。例如，B2B 类的企业，从"数、量、比"三个维度分析。"数"指的是"客户基数"，包含已存在的和待开发的客户数量。"量"指的是客户对产品或服务的"需求量"。"比"指的是"份额占比"，计划在目标客户那里拿到多少市场份额。如果分析下来，所有相关的客户基数有 10 亿元的需求量，如果要达到份额占比 10%，目标值就是 1 亿元；如果要达到份额占比 20%，目标值就是 2 亿元。份额占比定多少合适呢？"战略规划的要求"和"行业数据"就是参考维度。

第三个维度与"资源的投入"相关。与此维度相关的要素就是资源。我一直主张和强调"目标导向"，从来不否定资源的重要性和价值。"资源的投入"程度，也影响目标值的设定。如果我们想提升销售业绩，销售人员的数量、渠道的数量，以及人员的能力等都是影响业绩的因素，这都是需要有资源投入的。

还有一种快速增长业绩的方式，就是并购。并购也是需要投入资本等资源的。

目标值设定，一定要就高不就低。因为企业处于市场竞争中，如果不能保持一定的市场地位，就会被边缘化，甚至被淘汰。

提醒：设定目标先从企业整体目的目标开始，再设定衡量目标。衡量目标涉及哪个职能部门就变成该职能部门的绩效目标，再往下分解，涉及哪个岗位（个人）就变成该岗位（个人）的绩效目标。无论哪个层级都要秉承聚焦重点的原则，原则上绩效目标都不要超过 5 个。只有聚焦重点，才能集中优势去创造巅峰绩效。

制订有效的工作计划

计划始于使命，终于行动方案和预算。[○]

——彼得·德鲁克《德鲁克经典五问》

[○] 德鲁克，赫塞尔本，库尔．德鲁克经典五问 [M]．鲍栋，刘寅龙，译．北京：机械工业出版社，2016：86.

　　设计工作将目标明确为具体的、可操作性的工作，而将实践转化为绩效成果需要计划。在现实中，企业都有各种工作计划，但我在与企业打交道的过程中经常听到"计划不怎么有效"的反馈。计划无效，必然很难创造巅峰绩效。

　　什么才是有效的计划呢？艾森豪威尔任美国总统时在一次演讲中说道："a plan is nothing. planning is everything."（一份计划书是没用的，动态计划是一切）大部分企业是要求做计划的，经理人也做了并提交了月度计划，然后就束之高阁了。这样的计划是无效的，正如"a plan is nothing."所指：一份计划书是没用的。计划应该是个动态的从目标到绩效的持续过程，正如"planning is everything."揭示的含义：动态计划是一切。

　　PDCA 循环是有效的计划实践，也呼应了"planning is everything."。本章内容的核心逻辑就是围绕巅峰绩效目标，按照 PDCA 循环进行执行控制。

　　"计划"人人皆知，我给计划下个简单的定义：

　　计划是一种思考工具。经理人要多用"脑袋"工作，而不是去拼"手脚"。经理人都是从绩效突出的人里提拔上来的，都是行动派，很容易出现身份发生变化，但角色认知没有改变的现象。有些人还是喜欢冲锋陷阵，甚至与部下拼"手脚"。有句谚语："脚上没有的，必定在头上。"德鲁克说这句谚语不只像趣味版的能量守恒定律，更像"时间守恒定律"：我们从"脚上"任务（体力劳动）拿走的时间越多，就得在"头上"工作（知识工作）花费更多的时间。[⊖]经理人可以反观自己的工作状态：

⊖　德鲁克. 卓有成效的管理者：55 周年新译本 [M]. 辛弘，译. 北京：机械工业出版社，2022：50.

是用头脑多还是用手脚多？计划是经理人的一种思考工具，我旗帜鲜明地宣扬和鼓励：经理人要多用"脑"（知识工作）工作，少用"脚"（体力劳动）工作。

计划是一次成果预演。经理人组织工作要在逻辑上让目标变成绩效成果，计划就是一套系统的工具，整个过程是在进行实战演练，从而实现最终的成果。计划是成果预演，经理人要凭此去获得上级的首肯和支持，让工作开展下去。

计划是一份行动纲领（或行动指南）。经理人要知道，最终是需要靠团队去执行行动计划并实现绩效目标的。经理人切不可推崇"指哪打哪"的做法，而是要让团队成员各尽其责、按照计划自由并合作地去完成自己的工作。

计划的重要性不言而喻，那么如何制订有效的计划呢？德鲁克关于计划的论述：计划始于使命，终于行动方案和预算。设定目标必须始于使命，或者说必须化使命为目标。行动方案就是实现目标的具体方法措施，预算指的是需要配置什么资源。因此，我把德鲁克关于计划的论述简化为：计划始于目标，终于方法措施和资源配置。

制订有效的计划需要考虑 6 个关键因素：

第一，目标。前文已经有说明，不再赘述。

第二，分解。目标的分解一般从"时间"和"空间"两个维度进行。年度目标、半年度目标、季度目标、月度目标、周目标、日目标等指的是时间维度的分解；公司目标、职能目标、部门目标、岗位目标和个人目标等指的是空间维度的分解。

第三，方法。达成目标的关键因素和方法是什么？需要采取什么措施？这是特别重要的一环，务必请执行者参与共创制定。

第四，资源。实现目标需要投入什么资源？资源投入也会因为方法的不同而不同，确定投入什么资源后，以此做预算。

第五，风控。稻盛和夫在他的《干法》一书中说："定目标要乐观一点，做计划要悲观一点。"[一]这个悲观不是消极，而是要考虑得仔细一点，要能预估可能遇到的困难和问题，提前构思应对方法。

第六，调整。计划不是一成不变的，也需要调整。但要特别注意，调整也是有次序的，不能轻易调整目标，要优先调整方法，再考虑调整资源，最后才是谨慎地考虑是否调整目标。

触发计划调整的主要原因有四个：形势发生变化、结果很差、惊喜的成功和客户提出了你没有想象到的情况。[二]

以上就是制订有效的计划需要重点考虑的 6 个关键因素。计划是行动指南，在实践中还必须制订具体的行动计划，通俗地说就是个人执行层面需要一份详细的行动计划表。行动计划表需要包含哪些内容？我给出的实践建议是：需要包含 8 个要素。

1. 工作任务

我在讲课的时候经常问大家写"工作任务"难不难，大部分人的回答都是不难。其实写工作任务挺难的，界定工作任务对知识工作者很重要。工作任务界定清楚了，离目标实现也就不远了。前文已经讲过德鲁克式 AICT 方法，如果一项目标工作已经做过充分的工作分析，那么工作任务就清晰了。工作任务一般用动宾结构表述，简单地说工作任务就

[一] 稻盛和夫 . 干法 [M]. 曹岫云，译 . 北京：机械工业出版社，2019：151.
[二] 德鲁克，赫塞尔本，库尔 . 德鲁克经典五问 [M]. 鲍栋，刘寅龙，译 . 北京：机械工业出版社，2016：87.

是要"干什么"。例如，B2B 类客户开发，有一个重要的工作任务是"做客情关系"。

2. 成果标准

成果标准是指工作任务完成的标准，换句话说怎么证明工作任务完成了。再拿客户开发的"做客情关系"的工作任务来说，怎么证明已经完成任务了？如果业务人员说"我和关系人一起吃饭了"。这能证明"做客情关系"了吗？这仅能证明采取了一定的措施，但成果不明显。如果定义成果标准是"获取项目预算"或"获取竞争情报"，结果拿到了相关的关键信息，才能说完成了工作任务。

3. 工作措施

工作措施就是完成工作任务的具体方法。这是在现实中很容易被忽略的，如果只是写明工作任务，就太粗略了。工作措施细化，也利于让平凡的人干出不平凡的事。如"做客情关系"，工作措施有很多件："宴请关系人""和关系人一起开展他喜爱的体育活动""帮助关系人解决了一件私事"等。完成同一个工作任务，可能有很多措施，那就要根据情况，综合经济性、风险和收益等因素而定。

4. 完成时间

完成时间指的是工作任务最迟什么时间必须完成。例如，3 月底，完成招聘 3 位销售工程师的任务。

5. 主责任人

一项工作任务必须明确一位责任人，注意不能设多个责任人。多么重要的事情，都不能有多个责任人，或者说只能有一个主责任人。否则就会变成：大家都认为重要的事人人都会做，结果没人做。

6. 资源支持

这个要素也是很少被明确列入行动计划的，但当目标任务没完成的时候，又说缺资源，这就有事后诸葛亮之嫌了。目标任务再重，采用合适的方法和配以合适的资源都是可以完成的。所以，事先必须明确所需的资源。当然，资源总是匮乏的和有限制的。经理人整合和运用的资源中还有一个特别的资源——知识。这个资源要多多挖掘，不能让步于人力资源、财政资源和实体资源。

7. 检查和反馈

在行动计划中需要明确检查和反馈的方法、频次以及形式等。检查不是让别人来检查，应该以自我检查为主。特别重要的任务需要有除个人及上级以外的第三方来检查。人们常说职场人"靠谱"很重要，事事有回应就是"靠谱"的一种表现。对于回应，我主张用"反馈"而不用"汇报"。反馈是管理系统不可或缺的，重要的信息要及时反馈给需要的人。

8. 奖惩机制

行动计划需要让人有行动，改变人的行为不是那么容易的，一定的奖惩机制是有助于推动人的行动的。我一般会建议，奖惩机制要有一定的趣味性和挑战性。

例如，一个人如果害怕公众演说，那么完不成目标任务，就罚他在公司月度大会上公众演说 10 分钟。这个挑战要注意，不要违背人性，更不能违法。

行动计划表也可以再写出第 9 个、第 10 个要素，但以上 8 个要素是比较重要的，甚至可以说是不可或缺的。不同职能部门可以采用这 8 个要素创建行动计划表，见表 6-2。一个企业里不要出现多样化的行动计划表范式，那样会造成管理成本加大。

表 6-2　行动计划表

序号	工作任务	成果标准	工作措施	完成时间	主责任人	资源支持	检查和反馈	奖惩机制

确保在计划的轨道上行动

除非落实到工作，否则最好的规划也仅仅是规划，即便是美好的意图，没有落实行动，也只是意图而已。○

——彼得·德鲁克《管理：使命、责任、实践（使命篇）》

○　德鲁克.管理：使命、责任、实践　使命篇 [M].陈驯，译.北京：机械工业出版社，2019：160.

　　工作不仅意味着某人应该从事这份工作，而且意味着无条件地担责、与完成工作的最后期限以及最后对工作成果的评测。通俗地说，要想有绩效成果就必须有人去执行工作。要担责和拿结果，有两点很重要：一个是"行动在轨"，一个是"严格执行"。

　　"行动在轨"指的是要行动在计划的轨道上，否则就是脱轨。如果火车不能行动在轨道上，就要闯大祸了。如果行动不在计划的轨道上，就是管理失控。如果将目标比喻为"灯塔"，那么工作任务就是通向"灯塔"的"路径"，偏离"路径"就很难到达目的地。

　　在实际工作中会遇到很多不确定性，这是事实，但不能成为"不做计划，不执行计划"的借口，要认真分析内外部环境，计划正是用确定性应对不确定性。

　　计划是行动指南，执行控制就是首先要从行动上保证计划的有效性。

　　计划能否有效地被执行，很重要的一点就是"严格执行"。严格执行是指要有"撞了南墙也不轻易回头"的执着精神。稻盛和夫也说"执行计划要乐观一点"。为什么会这样？因为设计工作的时候经过了仔细的分析，制订计划的时候经过了充分的权衡。如果遇到"困难"就轻易回头和放弃，那么结果可想而知。

　　例如，B2B 类客户开发"做客情关系"就是一项工作任务，在做这项工作任务的时候，不会一帆风顺，如果"撞了南墙就轻易回头"，那就是方向性错误。若此法不通，就用它法，这个"法"指的是"工作措施"。改变措施的目的依然是完成"工作任务"，而工作任务是达成目标的"路

　　⊖　德鲁克.管理：使命、责任、实践　使命篇 [M].陈驯，译.北京：机械工业出版社，2019：161.
　　⊜　稻盛和夫.干法 [M].曹岫云，译.北京：机械工业出版社，2019：151.

径"，是必经的"主轨道"。

从企业层面说，如果"撞了南墙就轻易回头"，对企业而言也毫无战略定力，容易陷入盲从。

"轨道"本身会不会有问题？答案是有可能会。所以，"界定工作任务"至关重要。目标导向：为了达成目标，应该做哪些工作？工作任务不是想当然的，要跟随目标变。对经理人而言，如何保证目标和工作任务的准确性？以市场为驱动、以客户为中心，用外部视角做管理，是一条正确之道。当然，还要通过检查和反馈去评估和优化工作。

行动在轨、严格执行，是一种认知和思维。行为层面怎么干呢？以下方法供借鉴：

首先，写下每个周期要做的工作，形成任务清单。

其次，按照优先顺序逐项完成。优先顺序取决于工作任务对目标达成的影响程度，这个排序既需要"经验"，又需要"勇气"。为了让工作有成效，特别推荐"六点优先工作法"，这个工作法源自一个经典的"2.5万美元的故事"：

美国伯利恒钢铁公司总裁曾因为公司濒临破产而向效率大师艾维利咨询求助。在近半个小时的交流中，前20分钟艾维利耐心地听完其焦头烂额的倾诉，最后请他拿出一张白纸，写下第二天必须要完成的事。几分钟后，白纸上记录了总裁几十项要做的工作。此时，艾维利请他仔细考虑，并要求他按事情的重要顺序，分别从1～6标出6件最重要的事情。同时告诉他，请他从明天开始每天都这样做：每天一开始，就全力以赴地做好标号为"1"的事情，直到它被完成或被完全准备好，然后再全力以赴地做标号为"2"的事情，以此类推……艾维利认为，一般情况下，如果人们每天都能全力以赴地完成 6 件最重要的事，那么他一定是一位高效率人士。他请伯利恒钢铁公司总裁先按这个方法试行，并建议他，如果这个方法有效，可将此法推行至他的高层管理人员，若还有效，可将此法继续向下推行，直至每一名员工。

如果总裁及总裁公司的每一位员工，每一天、每一秒都在做最重要也就是最有生产力的事情，假以时日，可以想象，会有什么成就。

一年以后，作为此次咨询的报酬，艾维利收到了来自伯利恒钢铁公司的 2.5 万美元的支票。5 年后，伯利恒钢铁公司成为全美最大的私营钢铁公司。

将六点优先工作法绘制成一个简单的表格，见表 6-3。企业照此执行，必能产生成效。

表 6-3　六点优先工作法

序号	工作任务事项	衡量目标	完成状态
1			
2			
3			
4			
5			
6			

再次，自我控制。德鲁克的管理哲学是要通过目标和自我控制来管理，这也是创造巅峰绩效坚守的管理哲学。自我控制就是要自我行动、检查和反馈：目标是什么、工作任务是什么、达到成果标准了没有、工作措施做到位没有、还需要改善什么。

最后，优化。如果没有达成目标或没达到任务的成果标准，就要先优化工作措施，再评估和优化工作任务。

很多企业要求员工写工作日志，员工通常会误解成那是组织对个人的管控。其实不然，工作日志正是行动在轨、严格执行的有效工具，也是个人自我管理的有效工具。

检查和反馈要动态可视化

我们必须意识到"监察创建愿景"。监察既能改变被测评事件，又能改变事件的观察者。监察不仅赋予事件意义，而且赋予价值。[⊖]

——彼得·德鲁克《管理：使命、责任、实践（实践篇）》

检查和反馈是执行控制"A-PDCA"模型中"C"环节的两项关键任务。计划是从逻辑上让目标变绩效成为可能，但实际上计划不能保证100%没有问题：一方面通过检查促进行动在轨，另一方面通过检查去发现问题。界定的工作任务和制定的工作措施是仔细分析并萃取经验后的产物。严格执行就一定能实现目标？未必。毕竟管理面对的是动态的外部环境，制订计划的是"人"，再严密的计划也不见得100%有效，所以还需要一定的机制：检查和反馈就是两个有效的动态优化保障机制。没有检查就无法反馈，检查因为反馈而体现价值，两者是一体两面。

"撞了南墙也不轻易回头"，不是真的不回头，而是不能轻易回头。要不要"回头"，或者要不要"调整"和"优化"，需要靠"检查和反馈"机制来判断。前文万变不离其宗的管理系统图 3-2 中已经清晰地显示：检查和反馈是系统自动化运行的关键保障。没有检查和反馈，就不知道

⊖ 德鲁克.管理：使命、责任、实践　实践篇 [M].陈驯，译.北京：机械工业出版社，2019：146.

目标有没有实现；没有检查和反馈，就不知道有没有偏差、是否需要采取纠偏措施；没有检查和反馈，就不知道是否需要优化工作任务和工作措施甚至换人。为突出检查和反馈的价值，我在表 6-2 中明确要求将其写成 8 个要素之一。

检查和反馈有两项重要的作业措施：

一是采用信息报告反馈，这个很多企业在用。但使用这个措施要特别注意，经理人过分依赖信息报告，也容易脱离现实。另外，信息报告是二手信息，不管有意还是无意，报告者都会不自觉地带有自己的主观立场。

二是亲自检查。亲自检查需要"走出去"：走到管理实践的现场去、走到客户身边去，这也是我对经理人用心良苦的劝告。

亲自检查不是不信任，而是亲自检查有很大的价值和意义：①亲自检查可以防止经理人的认知盲区，经理人只有多掌握一手资料，才可能做出对组织有利的决策和行动；②最大限度地减少经理人的个人责任风险，因为基于别人的信息做出的任何决策，最终的绩效责任都是需要经理人自己承担的；③从事工作的是人，作为经理人要多关注人，而非仅仅关注事。通过信息报告看到的是"冷冰冰"的所谓的"事实"，亲自检查可以和他人有更多的互动；④亲自检查会有一定的"震慑"作用，做信息报告的人会更加严谨、多渠道采集并分析信息。

可能有人会问：强调检查会不会违背"通过目标与自我控制"的管理哲学？我很肯定地回答：不会。从图 3-2 中我们可以看出："测量元件"和"传感器"是系统不可或缺的关键部件，能实现检查和反馈的作用。另外，检查要注意动机，动机不恰当就会违背"通过目标与自我控制"的管理哲学，也会激起人的反感。检查要遵循一个核心原则：经济性原则而非道德性原则。让工作有成效必须要检查。检查的动机和目的是检验工作有成效，按照目标计划在推进。如果检查变成纠察员工，就是不相信员工在如期推进工作，这样的动机不好，也违背了检查的真正目的。

检查的经济性原则强调的是输出的有效性和输入的经济性。

检查在管理实践中，可以采用"会、看、报、表"四类方式。会指的是各种一对一、一对多的会议。看指的是现场查看，亲自检查就是要走到现场去。察有观察、觉察之意，经理人还需要有通过现象做出判断的能力。报指的是各类信息报告、面对面报告等。表是指各式报表，包括线上的和线下的。报和表的区别是前者有分析、判断和建议方案，后者侧重事实和数据本身，主要是信息传递。在现实中常见的检查方法有以下9种：

（1）协调会。这个是企业很常用的。协调会是可以起到检查作用的，会议中可以暴露异常点，现场就能得到反馈。

（2）复盘会。这个企业未必都采纳，但我还是建议对研发、工程等重要的项目、客户开发、营销活动等适时复盘，事后检查和反馈也是很有价值的。

（3）例会。例会在企业中最常见。例会要开得有效，重点要落在检查和反馈上，说太多"干了什么"意义不大。围绕目标检查和反馈，如此才能优化工作，更好地实现目标。这个例会，我特别建议用"周会或周质询会"常态化。这个周期的检查和反馈也特别恰当，有利于做必要的优化调整。关于质询会，我将在后文专门说明。

（4）临时性的工作检查。集团公司会时常有临时性的工作检查，不过此检查务必坚持经济性原则。为了检查而检查，会适得其反，关键还会影响组织和个人的效能。

（5）看板。我在辅导企业时，会强烈推荐采用看板，将重要工作或项目"可视化"。这是简单有效的检查，当事人和相关人都会因此而得到反馈，有利于降低沟通和协同成本。

（6）巡视。巡视对连锁企业尤其适用。经理人的亲自检查，也是一种巡视。

（7）定期或不定期的工作汇报。这个在企业中也应用广泛，每家企业都会有一定的工作汇报要求。

（8）晨夕会。这个视企业规模和性质而定。晨夕会务必遵循经济性原则，简单高效。

（9）工作记录表。月报、周报、日报都是具体的工作记录表的实践形式。

不管采用以上哪一种或多种都务必遵循经济性原则，衡量工作是否有成效。这是出发点也是落脚点。

我要强调一下：**检查和反馈要动态进行并可视化呈现**。

检查和反馈要动态进行，主要原因有二：一是管理面对的内外部环境可能都会变化；二是需要检查的工作周期和频率不同。检查结果应第一时间反馈给当事人，而不是其主管。正如德鲁克所说：这类信息是自我控制的工具，而不是上级控制下属的工具。[一]

另外，我倡导检查和反馈可视化呈现，一方面想让相关方及时、简单有效地获取所需的信息，另一方面也有激励作用。为什么会有激励作用？大家试想如下场景：在一场篮球比赛中，如果没有计分显示牌，会怎么样？再如，你和一位伙伴在打乒乓球，不计分的话，大家就会随便

㊀　德鲁克.管理的实践：中英文双语珍藏版 [M].齐若兰，译.北京：机械工业出版社，2009：97.

玩玩。一旦计分，大家就会很重视，每个球都想打出最好的水平，虽然输赢不是那么重要。

检查和反馈可视化呈现可以基于工作计划表设计检查表或图，包括工作事项、目标和结果、责任人等主要要素即可，形式可以采用表格、饼状图、柱状图、折线图等多，然后"张贴"（传统的文本式或多媒体式）在合适的场所。

建立周期性的质询机制

有效的管理者一开始就会阐明会议的具体目的和预期成果，并且努力引导会议达到这个目的。他不会让通报会变成"吹牛会"，让大家天马行空地各抒己见。[○]

——彼得·德鲁克《卓有成效的管理者（55周年新译本）》

质询是指立法机关议员个人或集体以书面或口头方式就政府行政活动有关事项向政府首脑或部长提出问题，要求其即席或书面答复。本书将"质询"引用到创造巅峰绩效的执行控制环节，主要采用面对面会议的形式。建立周期性质询机制的主要目的是优化，采用周期性质询会议的形式，以周质询会为主。

会议是一种沟通方式，也是一种管理工具，其重要性是不言而喻的。经理人有很大一部分时间用在会议上，很多组织会议消耗的时间过多，并且效果还不好。

○ 德鲁克.卓有成效的管理者：55周年新译本[M].辛弘，译.北京：机械工业出版社，2022：89.

我们先来探究一下如何让会议富有成效，之后再说明如何操作周质询会。本文提出 5 个实践原则，促进会议富有成效。

1. 减少会议频次

提高会议成效，从减少或取消会议开始。我们先来看一下德鲁克的观点：一个经理人如果有超过 25% 的时间用在会议上，那就说明组织不健全。[⊖]为什么要开会？真的有必要吗？这是需要认真思考和回答的问题。

所谓会议，就是靠集会来商议。德鲁克说会议是组织缺陷的一种补救措施，一个理想的组织应该没有任何会议。[⊖]理想状态，每个人都应该了解自己工作所必须了解的事，也应该能适时获得工作所需的资源。之所以要开会，就是因为员工各有各的工作，要靠彼此合作才能完成某一特定任务。之所以要开会，就是因为某一情况所需的知识和经验，单个人不具备，需要集思广益。

理想是理想，现实是需要必要的会议。但一个组织的会议太多，就可以判定该组织的运营效率不太高，可以判定组织设置存在不合理性，也可以判定工作的设计和分配有问题。通俗地说，会议太多，说明组织的结构设计有问题，职责不清，本应由权责人决定的事，非要到会议上才能议定，或者说在会议上"扯皮"，最终还需要拥有更高权力者裁定。会议太多还说明本应由一个单位或一个人完成的工作，分散到了多个单位或多个人，造成无谓的协调沟通。

⊖　德鲁克 . 卓有成效的管理者：55 周年新译本 [M]. 辛弘，译 . 北京：机械工业出版社，2022：62.

⊖　德鲁克 . 卓有成效的管理者：55 周年新译本 [M]. 辛弘，译 . 北京：机械工业出版社，2022：61.

2. 会议必须要有明确的目的和结果

会议议而不决，是众多组织的通病。会议的无序"论战"也比比皆是。跑题、没有重点，都是因为没能围绕会议目的和需要达成的贡献。在现实中，会议多是人们面对面进行的，一些原因造成会议顾及人的因素过多，但会议必须解决问题、达到目的和需要达成期望的贡献。所以会议必须以客观的工作和任务为中心，而不是以人际关系为重点。在组织中，因为顾及人际关系，从而在会议上对问题避而不谈，不能很好地反馈信息，就会导致会议低效，甚至无效。

3. 会前准备工作要扎实有效

会前准备不充分，甚至没有会前准备就开会这是浪费大家的时间。会前准备需要包括但不限于以下内容：提前通知哪些人参会、会议的目的和所需达成的贡献、需要事先让参会者提交的信息和资料、需要事先整理的事实数据、哪些参会者要发言（内容要求和时长）、哪些资料需要事先发放给参会者、事先需要准备的设施等。以上也可以做出一份详细的会议议程提前发放给参会者。会前准备工作越有效，会议越有成效。

4. 按照会议议程执行控制

要想会议有成效，就需要严格按照会议议程执行控制。在现实中，大部分企业的会议没有按照会议议程，或许根本就没有议程。没有议程，会议执行就会无序。一个环节出问题，就会影响整个进程，势必影响所有与会者的时间和工作安排。严格控制发言时间，特别是要限制高级管理者的发言时间，要形成规则事先说明，不能靠发言人的自觉，否则主持人会有压力。这里还要特别注意，尤其是高级管理者，不能既做主持人，又多发表自己的"真知灼见"。

控制发言时间必须严格，这是保证会议有成效的重要因素。事先规定发言时长，如果超时就要立即停止，或者花高价"购买"大家的时间：如发言每超 1 分钟缴付 100 元。如果到时间就停止，没讲完会不会影响会议质量？这个问题解决起来并不难，那就是与会者要在会议前做充分的准备，能用数据说话的就用数据说话，事先提交有关材料，而不是仅靠在会议上的口头表达。另外，会议上的表达要突出重点。

在执行控制阶段，有一项特别重要的原则，那就是要公开表达不同的意见或建议。千万不要会上不说，会后乱说；千万不要口服心不服，又不表达出来。公开表达不同的意见或建议，应该成为每个组织的会议原则，这也能减少企业的"内耗"和沟通成本。

当然，要想达到会议目的，还有一项重要的工作，就是权责者要有做决策的勇气，以免议而不决。除非人事决策、一些重大的决策事项等的会议延迟做出决定，如此才能解决问题，达到会议的目的。

5. 会后的跟踪反馈

议而不决、决而不行、行而无果，是会议的三大错误。要做到决而有行、行而有果，会后的跟踪反馈极其重要。在任何情况下，都应该将决议、措施、责任人、截止日期这些重要信息记录在案，并且反馈给相关方。会后需要明确责任人去跟踪反馈，跟踪是为了检查过程，反馈是为了验证目的和结果实现了没有。跟踪检查不涉及"信任"问题，依然是以工作和任务为中心的。

在掌握并执行上述 5 个实践原则的情况下，就可以简单有效地召开周质询会。周质询会的议程、主要内容及相关人员见表6-4。

表6-4　周质询会的议程、主要内容及相关人员

序号	议程	主要内容	质询人	责任人	时长
1	主持开始	1）公示检查表（如果有） 2）说明会议目的、原则，提出希望达到的结果 3）介绍会议议程安排及有关注意事项	—	负责人/主持人	—
2	回顾检查	1）回顾计划完成情况并反馈 2）表达愿望（对完成好的和不好的） 3）明确提出重点质询事项	负责人/主持人	当事人	—
3	总结汇报	1）各相关责任人汇报工作 2）重点是明确差距/找原因 3）点评/质询	负责人/内部客户	当事人	—
4	群策群力	1）重点质询工作，深度解析原因 2）共同研讨解决方案 3）被质询人选择方案	—	参会人	—
5	计划承诺	1）被质询人承诺改进成果/措施 2）承诺合作配合 3）承诺下个周期的重点计划	负责人/内部客户	当事人	—
6	落实跟进	1）形成周质询会议纪要 2）重点事项跟进，检查落实情况 3）下次会议前提交反馈	监督人	当事人	—

注：时长根据企业情况事先确定并说明。

下面以我辅导的某企业周质询会的实操规则，简要阐述周质询会的操作流程：

1. 会议准备

（1）会前准备

1）会议前各参会人员必须事先准备好完成的周计划、周总结，并提交给执行秘书。

2）正式会议前，执行秘书需要收集齐所有参会部门主管的周计划、

周总结，打印出来提交给周质询会主持人，同时将未完成事项整理成一份文稿附后。

3）执行秘书每周五提醒各部门负责人提交周计划、周总结，并通知下周一会议时间。原则上周质询会不得临时请假，确须请假的必须经分管领导书面批准。

（2）主持开始

1）公示检查表（可以以表 6-2 为基础整合而成）。

2）说明会议目的、原则，提出希望达到的结果。

3）介绍会议议程安排及有关注意事项。

2. 回顾检查

主持人先总的回顾一下检查表，概括性地总结取得的成绩和不足，赞扬取得的成绩，同时对不足之处表达改善愿望。

1）回顾计划完成情况并反馈。

2）表达愿望（对完成好的和不好的）。

3）明确提出重点质询事项。

3. 总结汇报

团队成员逐一汇报工作总结及初步的工作计划，对工作中的问题要着重提出来。

1）各相关责任人汇报工作（以周计划为主）。

2）重点是明确差距 / 找原因。

3）点评 / 质询（主持人或内部客户）。

4. 群策群力

全员智慧碰撞，贡献各自的经验、教训，共同找出自己和他人的问题解决方案。

1）重点质询工作，深度解析原因。

2）共同研讨解决方案。

3）被质询人选择方案（主持人可以提出指导建议，但不要代替当事人做决策）。

5.计划承诺

主持人总结提出重点需要改善的事项，以及相关工作计划，明示各自的责任，确定下周的工作计划作为检查依据，形成周质询会议纪要。

1）被质询人承诺改进成果／措施。

2）承诺合作配合。

3）承诺下个周期的重点计划。

6.落实跟进（责任人或执行秘书）

1）形成周质询会议纪要。

2）重点事项跟进，检查落实情况。

3）下次会议前提交反馈。

系统化评估高绩效的达成能力

要坚持高目标和高绩效，就必须系统化地评估下属设定目标和达成目标的能力。[一]

——彼得·德鲁克《管理的实践（中英文双语珍藏版）》

[一] 德鲁克.管理的实践：中英文双语珍藏版 [M].齐若兰，译.北京：机械工业出版社，2009：110.

正如德鲁克所提醒的：评估的聚焦点必须在已经被证明的绩效上。但巅峰绩效是人创造出来的，所以系统化评估高绩效的达成能力必须将落脚点放到人身上。绩效评估和人员评价是不可分割的两个部分，**绩效评估强调以工作和绩效为先，人员评价强调以人的优势为重**。

绩效评估的 5 个步骤

创造巅峰绩效旨在不断挑战高目标和高绩效，绩效评估的目的是要评估人设定目标和达成目标的能力。既然评估的聚焦点是已经被证明的绩效，那么评估本质上是为了不断改善和优化高绩效的达成能力。为此，我创建了以"开发改善策略"为主要目的的绩效评估模型，如图 6-2 所示

图 6-2 绩效评估模型

第一，回顾目标。目标是衡量绩效的基础，企业先要回顾目标是什么。无目标不衡量、无目标不管理。不回顾目标，就无法对比判定绩效是好还是不好。

第二，衡量结果。衡量结果，主要有两个动作：一个是采集数据，另一个是与目标对比。采集数据，通过结果与目标对比，实现结果衡量。采集数据很能体现一个企业的管理方式和风格。有些企业设有绩效专员，专职做这个事，甚至有多位绩效专员。如此做法有点劳民伤财，管理成本过大。我倡导"通过目标与自我控制"管理，绩效数据的采集也是以自我为主，通过信息化系统和工作记录等方式完成的。

绩效数据通常有滞后性结果数据和动因性过程数据，动因性过程数据导致滞后性结果数据，两者是因果关系。滞后性结果数据，如销售收入、回款、利润等，这些很容易采集，企业通常都有财务管理系统，这些数据都是能导出来的。动因性过程数据，如客户的投诉、工作协同任务的完成情况、订单及时完成率、品质合格率、新开发客户的数量等。如果企业有管理系统，是可以自动生成的。还有就是通过工作记录来呈现。

自我控制会不会导致数据造假？从理论上说会。但我们要相信人不会刻意造假，否则管理成本就会增加。当然，同时也要辅以方法。

其一：举证，例如，我说我没有问题，你说我有问题你就要举证。在前文讲的 9 种检查方法中有会议的形式，有问题可以在会上举证。

其二：冲突，工作协作中有一定的合理冲突是正常的。明明绩效不好，在开会交流的时候，还能是"你好、我好、大家好"吗？会上有问题不说，会后乱说，这样的行为要坚决制止，如此才能利于形成良好的组织精神。

其三：巡检，绩效考核要以自评为主，巡检为辅。

其四：周检查表，部门员工最好以周为单位提交周检查表。

第三，评估不可控因素。评估不可控因素，不是给绩效没完成找理由。正如德鲁克所说：只要是能影响组织的绩效和成果的，无论是在组

织内部还是组织外部，无论是组织能控制的还是不能控制的，这都是管理的中心和责任。[⊖]

例如，绩效没完成，是因为一个客户公司倒闭了；绩效没完成，是价格原因，导致丢掉了一个大单……这些原因都未必是真正的原因。绩效收入如果跟绩效目标挂钩，那么无论什么原因导致绩效目标没有完成，对应的绩效收入就没有是合规的。

评估不可控因素是复盘反思，是检查计划的"风控"要素考虑得是否周全，是检查"设计工作"是否严密，是要去优化整个管理系统，而不是为绩效完不成找理由。价格原因丢单，真正的原因先不说，是否应该再多争取其他项目弥补？客户公司倒闭了，难道事先一点迹象也没有？为什么没有及时开发新客户补充？没有预案吗？制订计划要"悲观"一点，多考虑各种可能发生的情况。

第四，识别问题和机会。绩效结果已经是既成事实，绩效评估要识别问题和机会，但不能总揪住问题不放，也要洞察机会。例如，没拿下某个客户订单，这是个问题，要分析原因；但也要有意识地去识别机会，分析发现竞争对手都已经在通过技术创新优化产品了，企业也必须着手创新突破了。这可能比签个订单的价值更大。

第五，开发改善策略。绩效评估是为了探讨怎样把工作做得更好，而不是分析为什么没有做好。注意，这不是说不要分析为什么没有做好，而是说重点是探讨怎样才能做得更好。结果已经是既定事实，开发改善策略才是目的，评估最终是要进行系统优化的。

⊖ 德鲁克.21世纪的管理挑战：中英文双语典藏版[M].朱雁斌，译.北京：机械工业出版社，2006：28.

人员评价 2 步 4 问法

人员评价必须基于绩效。评价是一种判断，总是要有清楚的标准。德鲁克特别指出：强调"潜能"（potential）、"性格"（personality）、"承诺"（promise）的评价方式，都是在滥用评估。⊖

另外，**评价也必须基于人的优势**，而非缺点。

如何对人进行评价呢？我根据德鲁克在《卓有成效的管理者》第 4 章"让长处富有成效"中提到的方法，简化为 **2 步 4 问法**。

第一步，列出期望评价对象在过去和现在职位上做出的主要贡献。

第二步，拿出实际绩效对照期望目标的记录，然后问 4 个问题：

（1）他 / 她在哪个方面已经做得很好了？

（2）所以，他 / 她可能在哪个方面做得很好？

（3）为了能从他 / 她的优势中获得最大的收益，还必须学习和获得些什么？

（4）如果我有一个儿子或女儿，我会愿意让孩子做他 / 她的下属吗？

①如果愿意，为什么？

②如果不愿意，为什么？

德鲁克的方法很特别，有别于那些所谓的"科学化"的程序。德鲁克的这套方式以当事人的长处为重心，从当事人能做什么开始。将其弱点视为充分发挥长处和取得成就及有效性所面临的限制条件。

绩效评估和人员评价的动机很重要，基于人的优势进行评价，就不会激起人的反感。评价是看人能做什么，而不是看他不能做什么。

我再解释一下 2 步 4 问法：第一步正是要识别人的优势，第二步记

⊖ 德鲁克.管理的实践：中英文双语珍藏版 [M].齐若兰，译.北京：机械工业出版社，2009：110.

录绩效与期望的对比结果。

第 1 问，用人要用人所长，哪些方面他确实做得好，那就应该安排他到做得好的工作上；第 2 问，既然安排他到做得好的工作上，那么他可能就做得好。注意之前的贡献和优势判断，必须在现在的工作上检验。无论绩效有没有期望的理想，都可以问第 3 问，为了让人的优势充分发挥，还需要些什么？时时处处都是关注"人"，这样的评价怎么会无效？对此，人们很难产生反感和对立情绪。

直到第 4 问，会有主观的评价和判断了：这个人是不是正直的？是不是值得追随的？是不是品德败坏的？此句的第 2 个小问题不是聚焦优势，而是关注缺点。这个缺点已经影响到你愿不愿意让孩子做他的下属，这个缺点或许也和组织的成败有关。

绩效评估，在对应的周期范围内都是需要及时评估的。什么是对应周期范围？其实就是定义目标的 4 个要素中的时间周期。如果定的是周目标，就要周评估；如果定的是月度目标，就要月度评估，以此类推。

人员评价的周期和频率怎么定呢？对此没有标准答案，一般会建议以半年度和年度为周期。周期太短，不足以判断一个人的优势是否与工作匹配；短期的绩效不好，也不能轻易说明是人的问题。周期太长，也不恰当，因为如果人不合适，就应该尽早重新安排工作，或者让其到其他能发挥优势的地方去。

组织真正的控制是影响人

直接影响到"人"的各项决策：诸如员工的任用、薪资、晋升、降

职与离职等，都必须体现出组织的价值观与信仰。它们才是组织真正的控制。[⊖]

——彼得·德鲁克《管理：使命、责任、实践（实践篇）》

企业作为一个组织是一个真正的实体，它有自己的目的、绩效和成果，以及自己的"生死"。企业的整体绩效和成果是管理控制的对象，以期实现组织的目的。德鲁克强调：社会机构是由人组成的，每个人都有自己的目的、各自的抱负、各自的观点以及各自的需要。无论社会机构如何专制，它都必须满足社会成员的抱负与需要。虽然机构成员以个人能力来实现抱负与需要，但他们也是通过机构的薪酬与惩罚、激励与制裁来实现的。[⊖]

人是实现绩效的主体，有自己的抱负与需要，所以人与组织的协同至关重要。人行为的依据和行动的原因是什么呢？弄清楚这个问题，就能找到组织真正的控制。

影响人，才是组织真正的控制。根据我对德鲁克管理思想的研究和理解，以及多年的教学、咨询顾问和管理实践经验，总结出从四个维度影响人可以实现真正有效的控制。

1. 建立价值分配机制

打造创造巅峰绩效的组织正是倡导实践德鲁克强调的"必须建立

⊖ 德鲁克.管理：使命、责任、实践　实践篇[M].陈驯，译.北京：机械工业出版社，2019：95.

⊖ 德鲁克.管理：使命、责任、实践　实践篇[M].陈驯，译.北京：机械工业出版社，2019：155.

高绩效要求，不能容忍差的和平庸的绩效，奖赏（reward）必须基于绩效"⊖的组织精神。为此我创建了"PCEA 价值分配机制模型"（PCEA 是四个维度的英文首字母缩写），如图 6-3 所示。

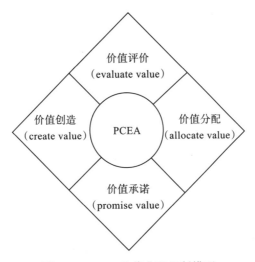

图 6-3　PCEA 价值分配机制模型

PCEA 价值分配机制有价值承诺、价值创造、价值评价和价值分配四个维度。

（1）**价值承诺**（promise value）是以市场为驱动，宣扬企业的事业和核心价值主张是什么，正如前文提到璟赫机电的使命"营造随需应变的工业环境"，就明确了组织的事业和核心价值主张。价值承诺还需要定义成果（绩效目标）是什么。

（2）**价值创造**（create value）是以客户为中心，明确客户认知的价值是什么。成果源于客户，要想实现定义的成果，就必须创造客户需要

⊖　德鲁克.管理的实践：中英文双语珍藏版 [M].齐若兰，译.北京：机械工业出版社，2009：108.

的价值。价值创造还需要明确是谁创造了价值。如此，才能以"以贡献为本"原则将客户需要的价值分配给对应的价值创造者。在企业中，通常有四类角色在创造价值，分别是投资方（资本）、创业家（具有企业家精神的核心管理层）、管理者（经理人、知识工作者和专业人士）、劳动者（基层员工）。

（3）**价值评价**（evaluate value）以贡献者为本，价值评价体系如图 6-4 所示。

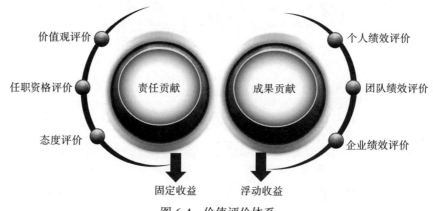

图 6-4　价值评价体系

奖赏必须基于绩效，但不代表唯绩效论，滥用绩效考核也是一种误区。绩效考核只是一种手段，是绩效管理的一部分，不能等同于价值评价。价值评价以贡献者为本，应该包含定性评价和定量评价，分责任贡献和成果贡献两个方面。责任贡献的价值评价对应的价值分配以固定收益为主，成果贡献的价值评价对应的价值分配以浮动收益为主。

责任贡献是因，成果贡献是果，有因未必一定有果，但有果必定有因。因在组织内部具有较大的可控性，果在外部具有较大的不可控性，用确定性去应对不确定性是管理的责任。所以必须重视这两个方面的贡献，责任贡献和成果贡献两者互为依赖、互为贡献。

1）基于责任贡献的价值评价。从责任贡献维度，价值评价包括价值观评价、任职资格评价（以此作为能力评价）和态度评价。这是能否输出成果贡献的因，或者说是投入条件。

- **价值观评价**。价值观评价是经理人任命和晋升的必要条件，我已经将"协同组织价值观"作为定义正直的一个要素项，采用360°测评进行考察和评测。价值观评价也不能唯成果论，而是要聚焦行为和关键事件，行为和关键事件能折射出价值观。前文讲到激发人工作的 5 个维度之"权力维度"，就必须要基于价值观评价，换句话说，价值观是权力分配一票否决的条件。

- **任职资格评价**。任职资格评价是能力评价的有效手段和方法，能力是实现绩效成果的必要条件。在实际应用中，一般会区分为管理线和专业线的任职资格评价，前者决定员工是否具备某层级管理岗位的任职要求，后者决定员工是否具备某专业岗位的任职要求。任职资格评价决定员工的固定收益，包括工资和享受的各种津贴。

华为的任职资格管理体系值得学习和借鉴，其体系包含以下几个关键要素和环节：

划分任职资格等级。华为任职资格管理体系包括技术任职资格、营销任职资格、专业任职资格和管理任职资格。任职资格分为六级，每级又分为四等，即职业等、普通等、基础等、预备等。

构建职业发展通道。任职资格与职位相结合，为员工提供了职业发展通道。通过任职资格管理的牵引，形成管理人员和专业/技术人员两条职业发展通道。

建立任职资格标准。任职资格标准是基于岗位责任和要求，对长期综合绩效优秀的员工被证明的成功行为和能力要素进行归纳，从而形成的评价指南。

开展任职资格认证。任职资格认证是指为证明申请人具有相应任职资格标准而进行的鉴定活动。

应用任职资格结果。任职资格标准的应用包括：作为培训需求的重要来源；作为职位说明书任职要求的补充和细化，用于招聘中对拟聘职位的考察，指导员工进行工作改进；作为员工职务职级和薪酬变化的依据。

- **态度评价**。基于意愿的努力程度是对态度的常规理解，但本处强调的是德鲁克式态度——基于管理者愿景的（managerial）态度。正如德鲁克所说：我们也知道什么导致人力资源的效率和生产率。首先，重要的不是技巧和工资，最重要的是态度——我们称其为"管理者的态度"。所谓"管理者的态度"，是使个体对待自己的职责、工作和结果，要和经理人对待它们是一样的态度，那也是关系团体和整体的结果。[一]

态度评价主要是要明确"行为要求"，行为要求应事先明确发布，然后由员工自评、主管评价及企业组织的评价委员会进行集体评价。

华为每年都对员工进行一次劳动态度评价，先由员工根据劳动态度自检表进行自评，然后由华为各级人力资源干部评价委员会进行集体评价，表6-5为华为的劳动态度评价表[二]的一部分，供参考借鉴。

[一] 德鲁克，马洽列洛.德鲁克日志 [M].蒋旭峰，王珊珊，等译.上海：上海译文出版社，2014：16.

[二] 卞志汉.科学分钱：学习华为分钱方法，解决企业激励难题 [M].北京：电子工业出版社，2021：55.

表 6-5　华为的劳动态度评价表

行为参照	自检
保持艰苦奋斗，不断提升职业化能力	□做到 □基本做到 □需改进
以下是公司对员工在诚信方面的最基本要求，一旦违反，将给予开除或辞退处分，违反国家法律的严重行为将移交司法机关处理	
严禁泄露公司的商业秘密	□没有违反 □违反 □未涉及
严禁故意虚假报销	□没有违反 □违反 □未涉及
严禁从事与公司有商业竞争的行为	□没有违反 □违反 □未涉及
严禁行贿、收受贿赂与回馈	□没有违反 □违反 □未涉及
严禁出入不健康的场所	□没有违反 □违反 □未涉及
基本行为准则（针对所有员工）	
在华为工作期间，未经公司批准不得在外界从事任何兼职或担任顾问	□没有违反 □违反 □未涉及
在华为工作期间，不进行炒股、炒汇等投机活动，不自行参股或与他人合伙开办公司	□没有违反 □违反 □未涉及
不利用工作之便接受任何形式的回扣	□没有违反 □违反 □未涉及
不在费用报销中私账公报，不因公名义报销不合理费用	□没有违反 □违反 □未涉及
履行节约，合理支出，不铺张浪费	□没有违反 □违反 □未涉及
信守自己对公司的承诺，忠诚于公司	□没有违反 □违反 □未涉及
处理所有华为业务活动关系时，要诚实、守信、可靠	□没有违反 □违反 □未涉及
严守保密承诺，不有意或无意泄露公司机密	□没有违反 □违反 □未涉及
自觉遵守公司信息安全管理规定，维护公司知识产权，不私下交流、传递公司保密文档	□没有违反 □违反 □未涉及
在华为工作期间，未经批准，不擅自以公司名义对外发表意见、担保或出席活动	□没有违反 □违反 □未涉及
关爱自己的家人，对家庭有责任心，妥善处理好自己的家庭关系，避免恶性家庭纠纷事件的发生	□没有违反 □违反 □未涉及
不参与任何形式的赌博活动	□没有违反 □违反 □未涉及
不去不健康场所活动，不访问不健康的网站	□没有违反 □违反 □未涉及
不贪污/不受贿、不假公济私	□没有违反 □违反 □未涉及

2）**基于成果贡献的价值评价**。成果贡献的价值评价基于客观的绩效成果，与员工的浮动收益挂钩，成果贡献越大，浮动收益越大。成果贡献价值评价包含个人绩效评价、团队绩效评价和企业绩效评价，后两者可以归类为组织绩效评价。组织绩效评价往往要优于个人绩效评价，

先看组织绩效是否完成，正如德鲁克所说：知识工作者经济贡献的特点是效能而非效率，效率不仅是一个人做得更多的问题，还是要让整个群体做得更好的问题。[⊖]华为经营管理的重点就是抓组织绩效，而不是个人绩效。

华为的组织绩效管理和个人绩效管理的关系[⊜]如图 6-5 所示。

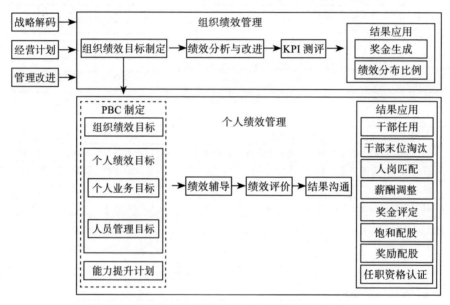

图 6-5　华为的组织绩效管理和个人绩效管理的关系

创造巅峰绩效就是首先侧重组织绩效管理，在此基础上再进行个人绩效管理。

（4）**价值分配**（allocate value）是在搞清楚谁创造了价值和价值评价之后的利益分配，主要包括经济利益和非经济利益。经济利益是可

⊖　德鲁克. 人与绩效 [M]. 闾佳，译. 北京：机械工业出版社，2014：28.

⊜　卞志汉. 科学分钱：学习华为分钱方法，解决企业激励难题 [M]. 北京：电子工业出版社，2021：62.

以衡量的物质利益，包括工资、奖金、分红、补助、津贴、福利等；非经济利益包括培训与发展机会、晋升和职权、荣誉与头衔、工作条件等。每个人都应该从工作本身获益，工作是生计之本，经济利益是非常重要的，但不能忽略非经济利益：单单靠金钱奖励还不够，无论是管理者还是一般员工，无论在企业内部还是外部，每个人都需要另外一种奖励——声望和荣誉（prestige and pride）。^㊀

在经济利益中大多数企业应用较多的是工资和奖金分配，也就是常说的薪酬。薪酬包含固定收益和浮动收益。一般固定收益对应工资，由基于责任贡献的价值评价决定；浮动收益对应奖金，由基于成果贡献的价值评价决定。

关于薪酬设计及分配再细化怎么做的内容，本书不做展开，有很多相关图书可供参阅。本书旨在阐述为什么要建立价值分配机制以及要做什么，启发企业通过建立健全该机制去影响人，从而实现创造巅峰绩效的执行控制。

2. 建立合理而公正的晋升机制

"必须建立合理而公正（rational and just）的晋升机制"^㊁是德鲁克强调的组织精神实践内容之一，这也是一项影响人的关键决策。建立合理而公正的晋升机制重点包括四个方面：

（1）晋升不只是职务，还包括职级。组织中的职务是有限的，为了避免少了一位专业级的高手而多了一位"蹩脚"的管理者，在组织中应

㊀ 德鲁克.管理的实践：中英文双语珍藏版 [M].齐若兰，译.北京：机械工业出版社，2009：113.

㊁ 德鲁克.管理的实践：中英文双语珍藏版 [M].齐若兰，译.北京：机械工业出版社，2009：108.

该设立管理和专业 / 技术的双通道职级体系。

（2）晋升机制包含升降，也就是说职务和职级都是可以升、也可以降的。

（3）必须有标准，升降的标准是什么，需要设置明确的、清晰的标准。

（4）升迁要内外结合，不能完全从内部升迁。正如德鲁克所说：内部升迁确实应该是企业的常态，但很重要的是不能让管理层完全依赖近亲繁殖，否则就会自鸣得意、自我封闭；企业规模越大，就越需要局外人的参与。[一]

要做到合理和公正，就必须按照标准评定晋升或降级。我将多年来辅导企业应用的一个方法分享给大家，见表 6-6。

表 6-6　晋升评定评分表

评定项目	权重	评定要素	评分标准	分值	评分
价值观					
能力					
态度					
绩效					
合计				100	

――――――――――
　[一]　德鲁克 . 管理的实践：中英文双语珍藏版 [M]. 齐若兰，译 . 北京：机械工业出版社，2009：114.

我给出的是空白表格，"评定项目"中的几大要素就是本节"价值分配"中强调的内容，具体细分的评定要素及评分标准，需要企业结合自己的情况，由管理者共创产生，这样会比较好。

确定并发布规则之后，是否进行职务或职级晋升，必须先评分。我的建议是设定一个基础分值，如评分高于 75 分才具备申报晋升的机会；然后企业可以成立一个晋升评定委员会，最终裁定是否晋升、晋升级别及相对应的薪资调整等。也可以设定一个基础分值决定是否降级，操作方法同晋升评定。

3. 建立奖惩机制

德鲁克在《管理：使命、责任、实践（实践篇）》第 39 章"监查、控制与管理"的"组织的最终控制"一节中提到，虽然机构成员以个人能力来实现抱负与需要，但他们也是通过机构的薪酬与惩罚、激励与制裁来实现的。薪酬与激励（通常指的是正向的）自然是受欢迎的，多多益善；惩罚与制裁就不那么受欢迎了，但必要的、合法的惩罚与制裁是应该的。

例如，有些企业设定"红线"，不能"贪污"，轻则开除，重则送上法庭，这就是"制裁"的具体实践。

有些过分重视"心法"的企业，搞不好会变成"伪善"。因为企业作为社会机构，承接了社会资源就必须实现目的、绩效和成果，或者说必须让资源产生价值，产出必须大于投入。再如，一个经理人在管理岗位上长时间不能做出组织需要的贡献，就应该被撤换。企业不恰当地妥协是错误的，也是"伪善"，因为这个妥协会破坏组织精神，挫伤其他有能力和有抱负的人，会制约其所在团队的发展，从而影响企业的发展。

建立奖惩机制来影响人的行为动机是非常有效的控制。为了简单有效地实践，我将"奖惩"分为"奖励"和"惩罚"，其中"奖励"分为"奖赏"和"鼓励"，"惩罚"分为"处罚"和"惩戒"，创建了一个包含四个维度的奖惩机制应用模型，如图6-6所示。

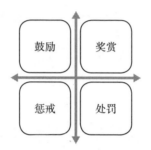

图 6-6   奖惩机制应用模型

企业应该明确什么样的行为和结果符合奖惩机制中的什么维度，最好是管理层共创共识后确定。我举辅导过的企业的例子，供大家参考。

（1）奖赏主要基于客观的绩效和成果及其他约定事项。以下事项属于奖赏维度：

1）开发新的市场和新产品。

2）业绩达成超过100%。

3）个人年度综合评价达A+。

（2）鼓励是企业倡导的行为或绩效成果，尚未达到奖赏的程度。以下事项属于鼓励维度：

1）工作响应和交付及时。

2）业绩达成80%～100%。

3）个人年度综合评价达 B+。

（3）处罚包含企业精心计划的事项未能达成、违规事项及其他约定的事项。以下事项属于处罚维度：

1）违反公司规程的行为。

2）业绩达成 60% ~ 80%。

3）个人年度综合评价 C− 及以下。

（4）惩戒是比较严厉的处罚，属于德鲁克说的威慑范畴，如开除、劝退、起诉等，包含违法、违背组织的"红线"及其他约定事项。以下事项属于惩戒维度：

1）收受贿赂。

2）不认同企业文化。

3）连续两个季度业绩排名倒数前 3 名。

奖惩事项不能违背国家法律和社会道德，奖惩事项不在多，在于精练。

4. 靠文化和价值观管理

德鲁克指出：管理是一套文化、价值观和信念体系。[○]很多优秀和卓越的企业已经在用实践证明德鲁克的论点了。

西贝创始人贾国龙在一次德鲁克管理论坛上分享时有人问他："贾总，你们西贝做得那么大那么好，是不是有很多管理规范和管理制度啊？"他回答："我们没有很多管理规范和管理制度。我们靠文化和价值观管理。"不了解的人，可能会以为贾国龙的回答很虚，但学习、了解德鲁克的人，都明白贾国龙在说什么。

○ 德鲁克.人与绩效 [M].闫佳，译.北京：机械工业出版社，2014：49.

　　一个企业如果没有"营销"和"创新"的文化和价值观，就无法创造或持续创造巅峰绩效，就不可能有好的发展和市场地位。

　　一个企业如果不讲"绩效精神"，再好的管理制度都是徒劳或者说管理成本是很大的，得不偿失。

　　一个企业如果不重视"人的价值"，就很难激发人的责任感，也很难有好的价值分配机制，自然无法实现激发人创造巅峰绩效。

　　一个企业如果不能真正具备"目标导向"思维，就会被"资源导向"思维束缚，从而走向"平庸"，也不可能创造巅峰绩效。

　　……

　　管理靠文化和价值观，创造巅峰绩效更需要组织影响人去坚持一种文化、价值观和信念体系，并且要为之献身（commitment）。

　　影响人是组织真正的控制。德鲁克提醒：人们必须意识到，即便是由计算机、运营研究，以及业务模拟组合成的最强大的"仪表盘"，也无法与任何人类组织中不可见的、定性的控制制度相比，无法与人类组织的奖惩制度、价值观以及禁忌相比。[一]我个人也是崇尚并极力主张：无形的定性的控制。我在辅导服务企业的过程中，观察到的很多场景都验证了德鲁克的说法。如果坚守那些无形的定性系统，匹配到价值观一致的人，并按照企业倡导和主张的价值观去执行，管理控制就会变得简单有效。反之，就会无效且损害组织精神。

　　例如，如果提拔一个"第二个石匠"式（技术专家型）的人做经理人，但企业倡导"以客户为中心"，又认同并强调经理人就是要为企业的

　　一　德鲁克. 管理：使命、责任、实践　实践篇 [M]. 陈驯，译. 北京：机械工业出版社，2019：156.

整体绩效和结果负责的，那就是相互矛盾的。很多在位的经理人本身没有"好坏"之分，这是人与组织需求匹配的问题，不能因为组织不恰当地"委任"和"妥协"，又采用很多劳民伤财的方法和措施去"纠偏"，导致管理成本高、效果差。

我们再看一下图 3-2，从该系统图可以看出管理控制最关键的两个要素就是"人和信息"。对信息做定量的检查和反馈，对与人相关的做定性的影响，从而实现管理控制目标。

第 7 章

持续创造巅峰绩效

创新是持续创造巅峰绩效的根本

德鲁克将企业比喻成社会的器官，"企业是经济成长、扩张和改变的具体器官"。[一]对企业而言，只提供产品和服务是不够的，还必须提供更好更多的产品和服务才行，这就需要履行"创新"这个管理职能。企业必须不断进步，变得更好。

1912 年，经济学家熊彼特在《经济发展理论》[二]中首先提出"创新"（Innovation）的概念，并将其定义为"企业家对生产要素的重新组合"。他指出，创新是指把一种从来没有过的关于生产要素的"新组合"引入生产体系，分别有发现新资源、开发新产品、引入新技术、开辟新市场、实现新组织方式等创新形式。

[一] 德鲁克 . 管理的实践 . 中英文双语珍藏版 [M]. 齐若兰，译 . 北京：机械工业出版社，2009：30.
[二] 熊彼特 . 经济发展理论 [M]. 王永胜，译 . 上海：立信会计出版社，2017

德鲁克将"创新"引入管理，于 1985 年著有经典的《创新与企业家精神》[⊖]，这本书也是企业管理创新的经典读物。德鲁克在书的序言中指出：企业家的精神实践是创新的载体，重点关注机构。创新要思考的就是要从何处以及如何寻找创新机会，把创意转化为可行的业务和服务，从而创造新的客户价值。

熊彼特和德鲁克都有相近的表述：创新才能真正地盈利。同质化低价竞争已经困扰了无数企业，只有创新，才能真正构建自己的竞争壁垒，才能创造新的客户价值，才能提升盈利能力，从而保障企业持续发展。

我在第 6 章执行控制"设定并聚集重点绩效目标"一节中提到，管理企业就是通过营销、创新和运营，去创造经济绩效（销售收入和利润），后文将进一步说明我的这个论述。创造巅峰绩效是德鲁克的指引，也是本书的主题和倡导。企业不仅要创造经济绩效，而且要高标准绩效精神导向，以期创造巅峰绩效。

创造客户不仅是企业的目的，也是营销的本质。营销是创造巅峰绩效的基础。企业要持续发展，只有营销还不够，还需要不断地创新，创新是持续创造巅峰绩效的根本。

第 2 章简单交代了创造巅峰绩效的业务逻辑，第 7 章阐述创新保障持续创造巅峰绩效，旨在保持创造巅峰绩效实践逻辑的完整性。本书的重点是第 3 ～ 6 章：从操作的运营层面阐述创造巅峰绩效的管理实践。创造巅峰绩效的营销和创新维度以后再阐述。

⊖ 德鲁克.创新与企业家精神：中英文双语版 [M].魏江，陈侠飞，译.北京：机械工业出版社，2021

激发管理层的企业家精神

当我们谈论企业家精神时，我们主要关注高层管理者的性格和态度，尤其是首席执行官的。但是我们很难肯定地说，如果没有合适的策略和实践，仅仅凭借高层管理者的性格和态度，就能够成立创业型企业。[一]

——彼得·德鲁克《创新与企业家精神（中英文双语版）》

持续创新需要企业家精神，企业家精神在本质上要靠企业管理层和员工拥有并实践，最重要的是激发管理层的企业家精神。德鲁克在《创新与企业家精神》一书中提到，培养现有企业的企业家精神，需要 3 种管理实践，我从应用的视角解读如下：

1. 优化运营报告

组织必须聚焦于机会，而不是问题。[二]但现实中，企业往往不自觉地关注问题，投入更多的资源去解决问题。通常，每家企业每个月都会收集管理者的运营报告，报告的内容大多是未达成的预算项目、绩效不达标的项目，以及有问题的项目。在月度会议上，每个参会者都会对问题进行讨论，寻找解决问题的方法。花费大量时间，如果能找到解决问题的方法还好，就怕议而不决、决而不行、行而不果，然后再通过各种会议和沟通试图去解决同样的问题。

绝大多数企业的运营报告都需要优化，除了报告问题外，还应该报

　　[一]　德鲁克.创新与企业家精神：中英文双语版 [M].魏江，陈侠飞，译.北京：机械工业出版社，2021：167.
　　[二]　德鲁克.管理：使命、责任、实践　实践篇 [M].陈驯，译.北京：机械工业出版社，2019：95.

告机会。企业可以将原来的报告分成两个部分，最好是写在一页纸上，左边写"问题"，右边写"机会"。运营报告新范式见表 7-1。以下案例，可以加深大家对运营报告新范式的理解并促进执行。

表 7-1   运营报告新范式

问题	机会

一家企业主要通过投标的方式获得销售订单。一段时间以来，其投标的项目中标率不高，但因为网络推广效果较好，询单项目很多。销售部门报告的问题主要聚焦在价格高、方案设计响应不及时导致中标率低上。为了实现业绩目标，销售部门又不停地跟进询单、响应招标，所谓的价格问题、响应及时问题又开始出现。企业也投入资源解决问题，如增加方案设计人员、优化供应链及核价等，但问题依然存在，中标率并没有提升，响应还是无法做到及时。

后来采用运营报告新范式，企业运用机会思维，通过问题去洞察机会，意识到应该挑选跟进的项目，不是盲目扩大项目基数，要提高销售的全过程运营能力，而不是一味地响应招标。有经验的企业都知道，投标只是一种工作方式和手段，如果不能事前洞察客户需求、建立关系和进行必要的商务公关，那么标的金额大的项目多半是拿不下来的。

2. 专题管理会议

为激发整个管理层的企业家精神，企业可以每半年组织一次管理层会议，对创新与企业家精神的实践情况进行专题报告和研讨。与会管理者都需要报告：做了什么？取得了什么绩效？发现了哪些机会？学到了什么？当前还有哪些创新创业计划？

这个会议可以根据企业实际及管理层人员的规模情况，每次进行 1～2 天。这个专题管理会议的目的不是要产生多少成果，无须担心浪费时间。德鲁克说这些会议所传递的态度和价值观，远比汇报内容更重要。⊖这个是专题会议，不要与以常规运营为主题的会议放在一起。企业通过此做法，向管理层释放一种强有力的信号：企业是非常重视创新与企业家精神及其实践的，也是不惜成本的。

在这个会议上，企业要特别留意哪些部门和个人干得更好、更与众不同。找到以后，企业要分析他们的特点和做法，并向他们询问："你们的哪些行为可以解释你们的成功？你们做了哪些事是其他人没有做的？其他人正在做的哪些事是你们不会去做的？"

3. 高层与基层座谈

根据我对德鲁克的理解，他把企业的工作分三类：高层管理工作、创新性工作和运营性工作。有一项工作是高层管理工作与创新性工作的结合，可以有效激发员工的企业家精神，那就是高层定期与基层进行的座谈。

⊖　德鲁克.创新与企业家精神：中英文双语版 [M].魏江，陈侠飞，译.北京：机械工业出版社，2021：157.

座谈会是一种非正式会议，但也要事先精心准备，然后与企业中的职能部门的基层人员进行座谈。高层管理者应该开门见山地表达："座谈主要是想听你们的想法和意见。我很想聆听你们看到了公司正面临哪些机遇和威胁？你们有哪些渴望？在尝试创新方面有哪些想法和需要的资源支持是什么？"提出这样的问题是在营造自下而上的沟通氛围，激发员工的主动意识和能动性。

通常来说，企业的基层员工较多，所以这样的座谈会次数也不能太多，可以每个季度一次，每次都花较多的时间集中去座谈，这样也能有效节约高层管理者的时间。

座谈会中具有企业家精神的建议并不是最重要的结果——尽管许多组织提出的建议很多，最有价值的是为公司建立了企业家愿景，使整个公司接受创新，并"渴望新事物"。[○]在本节中，我已经两次引用德鲁克类似的表述，他强调的都不是行为本身，甚至不是行为产生的结果本身的价值，而是思维层面的价值，这正应验了我在本书第1章强调的心智模式的重要性。对管理者而言，认知和思维两个要素尤其重要，毕竟管理层要多用脑袋工作，而不是手脚。

创新思维和企业家精神是持续创造巅峰绩效的根本力量。

实践创新的 4 个措施

政策、实践以及对创新成果的衡量，使创新与企业家精神成为可能。它们消除或减少了可能的障碍，培养了正确的态度，提供了正确的工具。

○ 德鲁克.创新与企业家精神：中英文双语版 [M].魏江，陈侠飞，译.北京：机械工业出版社，2021：158.

但是，创新是由人来进行的，而人是在一个组织中工作的。[一]

——彼得·德鲁克《创新与企业家精神（中英文双语版）》

创新是持续创造巅峰绩效的根本。巅峰绩效是由组织内的人创造出来的，为了使企业能够创新，必须从组织层面给出保障。以下 4 个措施可以有效促进企业创新、实践企业家精神。

1. 创新创业项目必须分开组织

在现有企业中，要把旧有的项目或者把日常运营项目与创新项目分开组织。德鲁克告诫：如果仍然沿用现有的组织结构去执行创新与创业项目，则注定要失败。这对大企业尤为如此，中等规模企业亦是如此，甚至小企业也不例外。[二]

在企业管理中，人们往往容易聚焦眼前的运营性事项，把资源向其倾斜，也会投入很多时间和精力。因为创新项目通常一开始看起来都微不足道。另外，创新机会的开发，往往会伴随风险和前途未卜，这也会"阻碍"人们去开发利用机会。必须有人和组织去重视创新项目，毕竟**"成果是开发机会，而非通过解决问题获得的"**[三]。

创新创业项目分开组织有两种操作方法：

方法一，有条件的就单独设置创新部门，该部门不承担任何与企业目前运营的项目相关的工作，专门负责机会开发及创新项目执行。这个

[一] 德鲁克.创新与企业家精神：中英文双语版 [M].魏江，陈侠飞，译.北京：机械工业出版社，2021：160.

[二] 德鲁克.创新与企业家精神：中英文双语版 [M].魏江，陈侠飞，译.北京：机械工业出版社，2021：161.

[三] 德鲁克.为成果而管理 [M].刘雪慰，徐孝民，译.北京：机械工业出版社，2020：5.

"有条件"主要是考虑行业情况、企业发展阶段、企业的规模等。如果行业整体比较注重创新，或者不创新就很难生存，就要独立创建创新部门。企业刚刚起步、规模也不大，可以单独设置创新部门，也可以采用下文所讲的方法二。但如果企业的产品已经处于成熟期，就要尽早谋划开发"第二曲线"，尽早成立独立的创新部门；如果产品已经处于衰落期，就赶快"亡羊补牢"，此时再不创新就是"等死"。产品生命周期概念最早是德鲁克在《为成果而管理》[⊖]中提出的，请大家自行检索相关资料。如果是中大型企业，我建议直接设置独立的创新部门。

方法二，不具备单独设置创新部门的企业，就把负责创新创业项目的人分开，也就是专人负责创新创业项目，此人不承担任何企业现在运营项目的工作。一个人既负责昨天的延续，又负责创造未来，是应付不了的。不要高估了人对资源优配的能力，因为大部分人会不自觉地把资源、时间和精力分配给"问题"。

运用方法二要注意一个问题：组织关系可能还是会有一定的制约。简单地说，当事人仍归属于运营部门，其主管可能还会误导和制约他开展创新创业项目。将运营项目和创新创业项目分开组织，就是要达到专注的效果。执行创新创业项目的人要专心做自己的事，不要在运营项目上分心。主管们也不要随便分派不相干的工作给他们。

2. 恰当的责任机制

我有一个观点：创新在组织当中不能发挥作用和价值，大部分不是由于技术性问题，也不是由于个人能力问题，而是由于管理层的认知和

⊖　德鲁克.为成果而管理 [M].刘雪慰，徐孝民，译.北京：机械工业出版社，2020：72.

思维及组织层面的问题。

　　要想解决组织层面的问题，本章提出的四个关键措施就是有效的。要想解决认知和思维问题，我们就需要重新认知一下"管理"。德鲁克将"管理"比喻为组织的"器官"，只有通过分析其功能，才能对这种器官进行描述和界定。管理有两大功能：一个是创新创业功能（entrepreneurial function），另一个是管理功能（administrative function）。为便于理解，我用一个模型呈现，如图 7-1 所示。

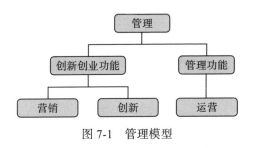

图 7-1　管理模型

　　创新创业功能在组织中有两项职能：营销和创新。管理功能在组织中就是运营职能。管理功能（运营）侧重生存，管理当下存在的，重点是提升效率和解决问题；创新创业功能（营销和创新）侧重发展，为未来和发展而管理，重点是提升效能和开发机会。在中国人的语言习惯里，可以把"创新创业"功能理解为"经营"功能。"管理功能"中的管理是"administrative"，这个是内部视角或者说行政管理，比较符合传统的旧假设意义上的"管理"。在这种基于旧假设的认知里，"管理不能大于经营"的说法是站得住脚的。但德鲁克说的"管理"（management）是个整体和系统概念，包含我们常说的经营和管理。企业的生存是第一要务，但根本上还是需要发展，所以管理层的认知和思维应该多注重创新创业功能。这样的认知和思维，才会决定后面的行为有利于机会开发。

在执行层面，还有一个认知需要优化和改善，那就是要建立恰当的责任机制。德鲁克说：组织对新项目要给予特别关注，必须要由高层管理者负责。就现有规模、收益和市场份额而言，新项目都不及现有项目，但是作为创业者和创新者，高层管理者必须要为新项目的未来而努力。[⊖]如果把主要责任交由创新创业项目的参与和执行者，一定会造成"障碍"——制约和束缚执行者。因为通常创新创业项目都面临风险，并且可能面临失败，应该有高层管理者担责，或者说企业要"兜底"，这样人们才会心无旁骛、大胆地去创新创业。

高层管理者直接负责，未必需要管理者全职工作，只要担负领导责任就行。在实践中，需要有一个强有力的领导在关键时刻做出决策、优化调配资源等。

负责创新创业项目的人的组织关系还在原来部门的，最好的做法就是汇报直接面向负责创新创业项目的高层管理者，而不是原来的上级。如果原来部门的上级只是负责日常运营工作，那么负责创新创业项目的人决不能向其汇报，否则就会受其误导。

高层管理者直接负责不意味着执行创新创业项目的人就没有责任。高层管理者主要承担规划、关键决策和最终结果的责任，执行者主要承担执行、信息反馈和过程结果的责任。

3. 合理的薪酬机制

"影响人"才是组织真正的有效控制。不合理的薪酬机制，也是阻碍和制约创新创业的关键因素。创新型工作的薪酬机制要有别于运营型

⊖ 德鲁克.创新与企业家精神：中英文双语版 [M].魏江，陈侠飞，译.北京：机械工业出版社，2021：161.

工作。运营型工作的薪酬机制必须严格以绩效成果为准。但创新型工作如果也是如此，就是负激励因素。原因很明显，创新型工作面临的风险和不成功的概率是很高的，而且创新绩效成果的体现通常都需要较长周期，如果以当期的绩效成果作为主要衡量依据，就很不合理。例如，一位高绩效的员工，被调配去执行创新创业项目，他就离开了原来的高绩效（对应高收入）岗位，如果因为创新创业项目当期绩效成果不好，收入比原来低，甚至低很多，那么谁还愿意创新创业？新项目的负责人必须获得适度的报酬，如果他们的待遇低于先前的工作待遇，这是不现实的。[⊖]

不光德鲁克一语中的地指出问题所在并指明了方向，优秀的企业也早有了良好的实践经验和成果。

华为的薪酬有一部分是"战略薪酬"，专门给创新工作划分一定比例或金额的"战略薪酬包"，用于激励创新工作者。"战略薪酬包"通常是"先付"，未来绩效成果出来后再"补还"，这样对创新工作者而言没有负担，可以放心地从事创新创业工作。

国外的 3M、强生这样的企业，其方法也非常有效。它们承诺创新创业项目成功就成立新的事业部，那些成就新事业部的人会被聘任为高层管理者或安排其他重要的职位。

简单总结一下，创新型组织需要建立合理的薪酬机制：首先创新型工作必须区别于运营型工作的薪酬分配方式；要保证创新创业工作者的收入不低于原来的收入，适度低于之前的也可以，那就要匹配像 3M、

⊖　德鲁克. 创新与企业家精神：中英文双语版 [M]. 魏江，陈侠飞，译. 北京：机械工业出版社，2021：164.

强生公司那样的激励机制，也可以像华为一样采用"战略薪酬包"先付模式，由组织承担风险和责任。

4.选用具有企业家精神的人

工作是由人执行的，创新与企业家精神归根结底还是要选用有企业家精神的人，尤其是领导和管理项目的人。如何选用具有企业家精神的人？我创建了一个四要素模型供参考，如图 7-2 所示。

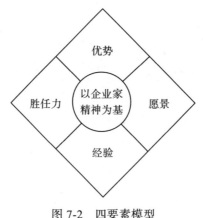

图 7-2　四要素模型

首先必须以企业家精神为基，这是基础，也是根本。何谓企业家精神？简单来说就是创新和创业精神，换句话说就是要注重管理的创新创业功能（entrepreneurial function）。企业家精神关键在于实践，如何选用到有企业家精神的人，如图 7-2 所示的四个要素是行之有效的判定依据。

（1）**经验**。这个经验特指要选用的人必须有过创新创业项目经验，不只是成功经验，还要包括失败经验。如果一个人说他有的都是创新创业的成功经验，没有失败过，那他要么说得不真实，要么他所谓的创新创业项目根本算不上创新。

创新创业项目本身就意味着风险，如果再选用没有创新创业经验的人，那风险会成倍增加。

（2）**胜任力**。创新创业项目都会涉及相关的管理职能，也必然需要执行者具备必要的技能和知识。所以事先需要界定执行者必须具备哪些能力要素，这也是选用人的必要条件。

（3）**优势**。胜任能力固然重要，但取得卓越绩效需要具有一定的优势，因为优势产生生产力。如果一个的优势就是干按部就班地做事，那么他的技能再好，也不能胜任创新创业工作。如果一个人不喜欢挑战性工作，那么他大概率不适合创新创业工作。如果一个人对风险有恐惧感和厌恶感，那么他也很难从事创新创业工作。

拥有什么样的优势适合创新创业工作，这要从企业和行业中的成功项目的经验中去洞察、分析和提炼，最终还是要通过工作和实践来检验。

（4）**愿景**。一个人有远大的愿景和抱负是至关重要的，这样其创新创业才能推动企业持续发展，从而为推动社会经济发展做贡献，最终改善人们的生活。

创新创业项目执行者的愿景必须包括创造巅峰绩效。企业应该让有远大愿景和高绩效者去迎接创新创业的挑战。

实践创新的措施可以简单有效地促进创新与企业家精神实践落地。在实践中可以通过 4 个措施实践检查表进行检查评估，见表 7-2。

表 7-2　4 个措施实践检查表

4 个措施	检查内容	检查结果
创新创业项目必须分开组织	单独设置创新部门	□已设置 □未设置
	专人负责创新创业项目	□有 □无

（续）

4 个措施	检查内容	检查结果
恰当的责任机制	高层管理者负主要责任	□已明确 □未明确
	执行者的责任分解	□已分解 □未分解
合理的薪酬机制	创建不同的薪酬标准	□有 □无
	设置战略薪酬包	□已设置 □未设置
	创新成功后的额外激励机制	□有 □无
选用具有企业家精神的人	候选人有成功和失败经验	□有 □无
	提炼工作胜任力模型或要素	□有 □无
	候选人具备工作所需的优势	□有 □无
	候选人有远大愿景和抱负	□有 □无

打开创新的 5 扇机会之窗

创新学科，也就是企业家精神的基础，是一种诊断式学科，即系统地审查能够带来创业机会的变化的领域。具体而言，系统的创新就是关注 7 个创新机会源。[一]

——彼得·德鲁克《创新与企业家精神（中英文双语版）》

德鲁克提出了系统化创新的 7 大机会，我建议大家去读原著。本书指出了 5 扇机会之窗，包括：问题、市场和产业结构变化、人口变化、认知变化及新知识，后 4 个是直接引用的德鲁克的。

1. 问题

组织必须聚焦于机会，而不是问题；[二]成果是通过开发机会，而非通

[一] 德鲁克.创新与企业家精神：中英文双语版 [M].魏江，陈侠飞，译.北京：机械工业出版社，2021：35.

[二] 德鲁克.管理：使命、责任、实践　实践篇 [M].陈驯，译.北京：机械工业出版社，2019：95.

过解决问题获得的。[○]这些都是德鲁克的著名论断。我在教学和服务企业的过程中观察到很多人对此有点不解，此处我将"问题"视为机会之窗，不是增加迷惑，而是想让大家进一步理解问题与机会。

前文提到管理的运营功能侧重解决问题，营销和创新功能侧重开发和利用机会，前者侧重效率，后两者侧重效能。解决问题和提高效率是企业生存的必要条件，但要发展良好，还要靠对机会的开发，注重的是效能。

我将"问题"视为创新机会之窗，突出的不是问题思维——停留在解决问题层面，而是机会思维——解决问题是根本，但要洞察创新机会，如果没有创新机会，那么解决问题就止于不会影响企业发展，就不应该匹配过多的资源；如果有创新机会，就要投入优势资源、利用好机会，让其产生成果。我相信这样理解和实践是符合德鲁克的关于机会和问题的要义的。

什么是问题呢？问题可以被简单定义为：现状与期望的差距，"定义说明"模型如图 7-3 所示。

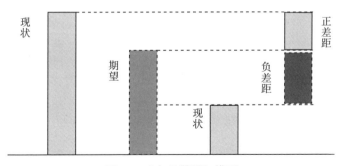

图 7-3　"定义说明"模型

○　德鲁克. 为成果而管理 [M]. 刘雪慰，徐孝民，译. 北京：机械工业出版社，2020：5.

现状和期望也可以理解为结果和目标，结果（现状）与目标（期望）有差距就是问题。

例如，一家企业期望（目标）一个新产品推出后三个月内能销售 1 000 万元，实际上三个月后的现状（结果）是销售了 300 万元，差距 700 万元，这就是"问题"。

我们再来看看集装箱创新的案例：

20 世纪 50 年代早期，海上货运成本急速上升。人们不自觉地采取问题思维，解决成本问题：专注运输经济性，试图设计建造速度更快、燃料更省和配备人员更少的轮船，结果造成许多港口接二连三地变得拥挤不堪，货轮运送货物的时间也变得越来越长。此外，因轮船无法进港，越来越多的货物只能堆积在港口等待装船，偷窃行为也日趋猖獗。问题再一次摆在人们面前，原来的设想和行动依然解决不了问题，于是人们深度思考提出根本问题：轮船属于资本性设备，最大的成本是闲置成本，于是产生了集装箱的创新和实践。集装箱的创新并没有多少技术含量，但创新成果是惊人的。德鲁克在书中提供了一组数据：30 年间货运量上升了 5 倍，而总成本下降了 60%。在大多数情况下，轮船在港口的停留时间缩减 3/4，港口的拥挤和偷窃现象也因此大为改善。⊖

"问题"不可怕，也未必是"贬义和消极的"；面对"问题"，不能陷入"问题思维"，而应该有"机会思维"，要去洞察有无创新机会。

另外，特别强调一点：高目标能有效地激发创新。从定义来看，高

⊖ 德鲁克.创新与企业家精神：中英文双语版 [M].魏江，陈侠飞，译.北京：机械工业出版社，2021：63.

目标就是高期望，当现状与高期望差距大时，就存在问题。问题即是创新机会，传统的做法已经无法实现高目标，差距越大越能激发或者"逼着"企业去创新。前文提及的柳井正挑战高目标、拓米洛高目标导向等都是成功的实践案例。

以下几个创新机会请大家阅读德鲁克的《创新与企业家精神》，在此我仅简要说明。

2. 市场和产业结构变化

市场和产业分别代表需求侧和供给侧，拿汽车来说，消费者对汽车的需求形成市场，汽车制造形成产业。市场和产业结构的变化，都是创新的机会。产业结构发生变化，要求该产业中的每个成员都具有企业家精神，它需要每个人重新思考和回答这样的问题：我们的业务是什么？[⊖]

20 世纪初，汽车工业的迅猛发展，使汽车市场和产业结构发生了重大变化，业内的创新应对很有参考价值。早期，汽车是向少量富人提供的奢侈消费品。随着社会经济的发展，汽车销售量增长速度很快，其销售必然要超出狭窄的富人市场。

"我们的业务是什么？"不同的企业给出了不同的回答。

劳斯莱斯决定生产带有"皇家气质"的汽车，纯手工打造，为了确保没有"平庸之辈"购买，它将价格定得很高。

福特意识到产业结构正在发生变化，于是设计出装配线批量生产汽车。

⊖　德鲁克.创新与企业家精神：中英文双语版 [M].魏江，陈侠飞，译.北京：机械工业出版社，2021：78.

通用预计会出现巨大的"全方位"市场，决定向市场的各个阶层提供汽车，通过并购当时的一些汽车公司，整合为一家大型的现代化企业。

20世纪60年代，汽车工业变成了一个"全球性"产业，各大汽车企业纷纷走出国门。日本汽车凭借车身较短、油耗量低、质量控制严格且能提供更好的售后服务，在1979年的石油危机中，获得非凡的成功。

汽车的数量巨大和产能过剩，以及市场需求的变化都会加剧产业中的企业竞争。"我们的业务是什么？"，依然是值得思考并回答的问题。

如今，新能源汽车的兴起，又一次造成汽车市场和产业结构的变化。特斯拉抢占先机，似乎成为这个品类的代名词。我国的新能源汽车在这一波市场和产业结构变化中也占有一席之地。

3. 人口变化

人是需求之源头，组织型客户需求是消费者型客户需求的衍生需求。人口变化蕴含着创新机会。人口变化分析要从分析人口数据开始。人口数据通常包括人口数量、年龄结构、人口组合、就业情况、受教育程度及收入情况等。

德鲁克在《21世纪的管理挑战》中指出战略面对的五种必然事实，包括两个人口相关的问题：一个是发达国家越来越低的人口出生率，另一个是可支配收入的变化。⊖我国目前也存在老龄化问题，即使在三孩政策的背景下，人口出生率仍没有大幅度提升，这些变化都会带来挑战和创新机会。

⊖　德鲁克.21世纪的管理挑战：中英文双语典藏版[M].朱雁斌，译.北京：机械工业出版社，2006：30.

可支配收入的变化也应该得到足够的重视，企业和行业要关注客户（企业和最终用户）的可支配收入的比例，即购买它们所生产和销售的产品的支出。德鲁克指出：通常，流向某一类产品或服务的可支配收入的分配趋势一旦确立，这个趋势往往会保持较长的一段时间，而且一般不会受到商业周期的影响；20 世纪所有发达国家用于满足物质需求的可支配收入的比例是逐年降低的，但政府、卫生保健、教育和休闲 4 个部门和产业保持发展势头。[⊖]这对我国也很有参考价值，事实上，随着我国经济的发展，人们可支配收入的提高，休闲、教育和卫生保健的消费会保持良好的发展。

4. 认知变化

"杯子是半满的"和"杯子是半空的"，从数学的角度而言没有区别。德鲁克说一般的认知从认为杯子是"半满的"转变为"半空的"，其中就包含着重大的创新机遇。简单说就是认知大于事实，"半满"还是"半空"事实上是一样的，但不同的认知就会导致不同的结果。

人们对饮食的认知已经发生变化，从追求"吃饱"，变成要吃营养美食。吃营养美食还不够，还要追求场景的体验感。合纵文化集团旗下的胡桃里音乐酒馆将美食、咖啡馆、音乐和酒吧元素结合，营造不一样的消费场景，这个创新取得了很大的成功，开创了音乐酒馆这一新品类。

便携式数字音乐播放器的首创者是索尼，该企业坚持歌曲应该打包销售的"行规"。乔布斯敏锐地捕捉到创新机会，在他眼中，歌曲可以一

⊖　德鲁克 . 21 世纪的管理挑战：中英文双语典藏版 [M]. 朱雁斌，译 . 北京：机械工业出版社，2006：35.

首一首地销售，这正好符合了客户的需求——当只想要 CD 中一首或两首歌时，可以不把整张 CD 买下来。

客户基于自己的认知和价值观做决策，企业要能敏锐地捕捉这个变化，不仅是创新的机会，而且是制定战略的基础。

5. 新知识

在德鲁克看来：在所有创新的来源中，新知识的利用所需要的时间最长，而且新技术变成进入市场的产品也需要很长时间。⊖互联网技术在 20 世纪 60 年代便已出现，但真正普及花了三四十年的时间。计算机的发明早已是半个世纪以前的事了，但普及要从出现个人计算机：1995 年发售 "Windows95" 时算起。

新知识创新不是基于一个因素，而是几种不同知识的融合。例如，飞机是融合了发动机和航空力学的知识而制造出来的。计算机则融合了二进制、穿孔卡片机、三极管的知识。

企业如果对包含现有技术在内的知识进行组合，就能着手全新商品的开发。但通过新知识、新技术产生的创新要特别注意，不能是技术导向，而应该是市场导向的，或者说绝大部分新知识的利用都应该是市场需求导向的。

成为持续创造巅峰绩效的企业

创新与企业家精神是可以习得的，但需要努力。创业型企业将企业

⊖ 德鲁克 . 创新与企业家精神：中英文双语版 [M]. 魏江，陈侠飞，译 . 北京：机械工业出版社，2021：108.

家精神视为一种义务。它们为之训练，对其加以研究，并付诸实践。[⊖]

——彼得·德鲁克《创新与企业家精神（中英文双语版）》

"成为持续创造巅峰绩效的企业"理应成为每家企业及其管理层的追求目标，这个目标的实现不仅对企业有利，而且对社会经济发展有利。我将追求持续创造巅峰绩效的企业称为"企业家企业"。这个词不是我原创的，而是取自德鲁克在 1985 年的《创新与企业家精神》中提出的" the entrepreneurial business"概念。这个英文目前主要存在两种翻译："企业家企业"和"创业型企业"，我喜欢翻译为"企业家企业"。结合德鲁克的原文，我将"企业家企业"解释为：**具有企业家精神的持续创新创业型企业**。我们通常认为，创办一个新企业就算是创业，也不一定符合德鲁克说的" the entrepreneurial business"，或者说不符合"企业家企业"。

以下是德鲁克在书中的举例说明：

并不是每一个新办小企业都是一种企业家行为，或者代表着企业家精神。一对夫妇在美国某市郊开了一家熟食店或墨西哥餐馆，他们的确是冒了一点风险。不过，他们是企业家吗？他们所做的事情，只不过是以前被重复了多次的老套而已。他们把赌注压在该地区外出就餐的人口会日渐增多这一点上，但是他们既没有创造出一种新的满足，也没有创造出新的消费诉求。从这一点看，即使他们**创办的是新企业**，他们**也算不上企业家**。

⊖　德鲁克.创新与企业家精神：中英文双语版 [M].魏江，陈侠飞，译.北京：机械工业出版社，2021：150.

然而，麦当劳所表现出来的却是企业家精神。确切地说，麦当劳并没有发明任何新东西，一些不错的美国餐厅早就开始生产它所供应的最终产品了。但是，凭借着应用管理概念和技巧（研究顾客所注重的"价值"），它们将"产品"标准化，设计制作流程和工具，并基于工作分析设定标准，根据标准培训人员。麦当劳不仅**大幅度提高了资源的产出**，而且**开创了新市场和新顾客群**。这就是企业家精神。

麦当劳才是企业家企业，麦当劳至今仍然在不断地创新，如果麦当劳停止了创新，那也不能被称为"企业家企业"。

小年派将"成就企业家企业"界定为组织的使命，就是要推动企业持续创新创业、成就更多的企业家企业，从而实现德鲁克在《创新与企业家精神》书中倡导的"企业家社会"（英文原文为"the entrepreneurial society"）。企业家企业最内核的是"创新"，一旦企业停止了创新，就意味着没有了企业家精神，也就不是企业家企业了。一旦企业停止了创新，也就不可能持续创造巅峰绩效了。

成为持续创造巅峰绩效的企业家企业，可按照 6 个步骤进行创新实践。创新管理实践提示卡，见表 7-3。

表 7-3　创新管理实践提示卡

步骤	主要任务措施	提示问题
机会感知		1. 内外部创新机会识别 2. 收集问题和机会信息
延迟判断		1. 分析判断 2. 征询意见 3. 评估评审
声明公示		1. 承诺行动 2. 政策支持
路径重构		1. 团队共创（界定问题、选定路径和指出关键因素） 2. 多维度探寻

（续）

步骤	主要任务措施	提示问题
执行控制		1. 制订计划 2. 试点评估
总结传播		1. 形成成果文件 2. 评估价值收益 3. 分享传播经验

注：表中"主要任务措施"栏由企业根据"提示问题"结合自己的情况拟定并执行。

1. 机会感知

企业管理层带头，倡导并建立一定的工作机制，让全员都有创新思维和行动。围绕 5 扇机会之窗去收集问题和机会信息，刻意地感知和识别创新机会。

2. 延迟判断

创新总是面临风险，并且需要投入大量资源，所以要对第 1 步感知到的机会延迟判断，管理层要仔细分析判断，可以征询更多人的意见，并建立评估评审机制。

3. 声明公示

经过第 2 步确定的创新机会，就要声明公示：包括明确哪个高层管理者直接负责；是专职的创新部门，还是专职的个人承担创新创业项目的执行责任；承诺政策支持等。

4. 路径重构

既然是创新，就应该有别于企业中原有的运营性经验和方法路径。

直接负责的高层管理者要牵头，采用团队共创的方式进行路径重构：界定问题（可参照集装箱创新案例，思考真正的问题是什么），选定达成目标的路径（参照 GPS 作战地图），指出关键因素，确定主要工作方法和措施。路径重构环节需要直接负责的高层管理者做最终决策。

5. 执行控制

进入执行控制环节，由项目执行责任人制订详细的行动计划。这个行动计划是常规的工作机制，参阅第 6 章"执行控制"的相关内容。

这一步有一点要特别注意，那就是"试点评估"。因为创新必然有风险和较大的失败概率，所以创新性项目能否转化为运营性项目需要经过试点评估再定。

6. 总结传播

最后要形成成果文件，转化为运营性工作。对创新计划和结果进行价值收益评估，并分享传播经验。无论成功，还是失败的创新项目，都需要总结传播。

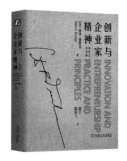

彼得·德鲁克全集